古代歷史文化研究輯刊

二九編

王明蓀 主編

第2冊

中國帝王陵通考（中）

謝敏聰 著·攝影

國家圖書館出版品預行編目資料

中國帝王陵通考（中）／謝敏聰 著‧攝影 -- 初版 -- 新北市：
花木蘭文化事業有限公司，2023〔民112〕
目 8+184 面；19×26 公分
（古代歷史文化研究輯刊 二九編；第2冊）
ISBN 978-626-344-146-0（精裝）
1.CST：陵寢 2.CST：中國
618   111021676

ISBN-978-626-344-146-0

9 786263 441460

古代歷史文化研究輯刊
二九編　第二　冊　　　　　　ISBN：978-626-344-146-0

中國帝王陵通考（中）

作　　者　謝敏聰
攝　　影　謝敏聰
主　　編　王明蓀
總 編 輯　杜潔祥
副總編輯　楊嘉樂
編輯主任　許郁翎
編　　輯　張雅淋、潘玟靜　美術編輯　陳逸婷
出　　版　花木蘭文化事業有限公司
發 行 人　高小娟
聯絡地址　235 新北市中和區中安街七二號十三樓
　　　　　電話：02-2923-1455／傳真：02-2923-1452
網　　址　http://www.huamulan.tw 信箱 service@huamulans.com
印　　刷　普羅文化出版廣告事業
初　　版　2023 年 3 月
定　　價　二九編 23 冊（精裝）新台幣 70,000 元　　版權所有‧請勿翻印

中國帝王陵通考（中）

謝敏聰　著・攝影

目
次

第十章　三國陵寢

第一節　蜀漢陵寢

帝　系	姓　名	陵　名	陵　　地
昭烈帝	劉備	惠陵	四川省成都市武侯祠。
後主	劉禪		河南省洛陽市孟津縣平樂鎮翟泉村東（具體位置不詳）

一、蜀先主（劉備）的惠陵

公元 223 年 4 月 24 日，劉備駕崩於白帝城永安宮，即今重慶奉節。《三國志·先主傳》記載：「五月，梓宮自永安還成都，諡曰昭烈皇帝。秋八月，葬惠陵。」

而今，位於成都武侯祠的劉備陵墓——惠陵，依舊保存完好。1700 多年前，諸葛亮費盡周章，將劉備遺體和靈柩從遠在千里之外的奉節，運回成都安葬，很多遊客都會好奇，他為何要這樣做呢？

其實很簡單，這是漢代以來禮儀制度嚴格的規定。西晉·司馬彪《續漢書·禮儀志下》明確要求，漢朝皇帝駕崩之後，必須在京城經歷「大喪」的各個環節，才能入土安葬。因此，將劉備遺體和靈柩運回成都安葬，是諸葛亮，乃至蜀漢王朝唯一的，也是必然的選擇。

首先，皇后、皇太子及眾皇子皇女，必須要在駕崩帝王遺體的靈前行「哭踊之禮」，表達自己對亡故夫君、父王的哀痛。此外，朝中文武百言，也要親臨現場，哀悼亡故君王，行「哭臨之禮」。而劉備駕崩時，其皇后吳氏、太子

劉禪，以及朝中百官大多在成都，在這種情況下，諸葛亮必然要將劉備靈柩運回成都，按禮制禮儀行事。

其次，在「哭踊之禮」、「哭臨之禮」過後，要進行「大殮」之禮，也就是將死去的皇帝遺體入殮。屆時，皇親國戚、文武百官都親臨現場，被授予具體操為喪事的執事大臣，會在近臣的幫助下，將玉圭、玉璋等必需的陪葬品放入靈柩內，進行入殮，而後，皇太子單獨表示哀悼，再行「哭踊之禮」。而這一系列活動，必須在皇宮進行，蜀漢的皇宮在成都，這也是諸葛亮必然要將劉備運回成都的一大理由。

第三，先皇入殮之後，緊接著便要在其遺體和靈柩前，當眾舉行新皇帝登基儀式。這種「無縫對接」的繼位儀式，一是象徵政權的綿延不斷，即「國不可一日無君」之意；二是象徵新皇帝王權是從先父手中繼承的，名正言順，合禮合法。也就是說，如果劉備遺體不運回成都，劉禪就難以登基即位，為了國家政權延續性的考慮，將劉備遺體返回成都安葬，也是必然的選擇。〔註1〕

劉備遺體運回成都路線圖

圖取自李志：〈劉備病逝於奉節為何要運回成都安葬〉，收入譚良嘯、
方北辰編：《成都武侯祠 100 問》，成都時代出版社，2015 年。

1961 年 9 月，郭沫若先生路過奉節時提出：劉備死於夏天，屍體不易保存；再加上奉節到成都一路逆水而上十分艱辛，以當時的條件而言，劉備遺體

〔註1〕 李志：〈劉備病逝於奉節為何要運回成都安葬〉、方北辰：《猇亭之戰綜合研究》，
收入：譚良嘯、方北辰編：《成都武侯祠 100 問》，成都時代出版社，2015 年，
頁 254～256；《三國志‧蜀書‧先主傳》。

很可能並未運回成都，而是葬於奉節。此後，郭沫若先生再也沒有堅持此說，而關於劉備遺體能否運回成都的問題，却引起了爭議。

然而大量歷史文獻資料表明，很多專家也列出充分的理由，證明劉備遺體是能夠運回、且確實運回了成都安葬的。

首先，皇帝死後，必須葬在都城或附近。這是漢代禮制禮儀的規定。這種史例很多。蜀漢當然不可能例外，也必須將劉備遺體運回成都安葬。

其次，屍體防腐不存在任何問題。早在西漢，中國屍體防腐技術已有了較高的水準。根據漢代葬制，天子之棺因用梓木精工做成，因而稱「梓宮」；並且棺外套椁，共三層，棺與椁之間還要充填木炭等防腐材料。《漢書》中記載有多個皇帝死後停放數十、上百天才安葬的史實，說明當時屍體防腐技術已很完備。而長沙馬王堆漢墓主人的遺體完好保存兩千多年，則是防腐技術高超的實例。因此三國時期劉備的遺體，也一定能做好完善的防腐處理。

第三，奉節到成都的交通便捷通暢。歷史上，岷江、長江水路是四川成都東西連接的主要通道。三國蜀吳聯盟，使者頻繁往來，都是走水路，因此留下「萬里橋」的遺蹟。唐代詩人杜甫在成都草堂，看到的是：「窗含西嶺千秋雪，門泊東吳萬里船」。是見漢唐時期，成都經岷江、長江至江南，水路上下十分便捷和通暢。

而作為帝王的棺椁會較沉重，用船隻運送是最平穩和安全的方式。諸葛亮看護著劉備梓宮從永安上船，沿長江經江州（今重慶市中區）—江陽（今西川瀘州）—僰道（今四川宜賓），再轉至岷江，即可到達成都。總行程約兩千華里左右。這種國家大事，日夜兼程，每天行駛七八十華里，速度完全在正常範圍之內；而歷時一個月，正好符合史書四月從奉節啟程，到五月運回成都的記載。

當年諸葛亮正是遵從禮制禮儀，動用全國之力，日夜兼程，護送先帝遺體回到了京城成都。八月，將劉備隆重安葬南郊惠陵。〔註2〕

依《三國志》惠陵合葬兩位皇后：一位稱甘皇后，一位是吳夫人，稱穆皇后。

二、蜀後主（劉禪）墓

《三國志·蜀書》：「（安）樂公，泰始七年薨於洛陽。」傳葬於洛陽孟津翟泉村東北。

〔註2〕李可心：〈劉備的遺體是如何運回成都安葬的〉，收入同上書，頁 257～259；
　　　　方北辰：〈劉備——「常敗」的英雄〉，《猇亭之戰綜合研究》。

第二節　曹魏陵寢

帝　系	姓　名	陵　名	陵　　　地
先　世			
高帝	曹騰		安徽省亳州市董園村二號墓。
太帝	曹嵩		安徽省亳州市董園村一號墓。
武帝	曹操	高陵	河南省安陽市安陽縣安豐鄉西高穴村。
本　朝			
文帝	曹丕	首陽陵	河南省洛陽市偃師市首陽山車站北。
明帝	曹叡	高平陵	河南省洛陽市汝陽縣內埠鄉茹店村，東南霸陵山下？
齊王	曹芳		今地不可考。
高貴鄉公	曹髦		河南省洛陽市孟津縣。（具體位置不詳）
元帝	曹奐		河北省邯鄲市臨漳縣習文鄉趙彭城村。（具體位置不詳）

一、曹操宗族墓群

俗稱曹家孤堆。在安徽省亳州市城南郊魏武大道兩旁。周圍十平方華里。據《水經注・陰溝水》記，譙城（今亳州市）城南有曹騰、曹褒、曹嵩、曹熾、曹胤等人墓。總計 50～60 座墓室多為磚室結構。近年發掘其中三座墓葬，出土銀縷玉衣和字磚三百餘塊，磚上有今草、章草、真行等書體，為研究中國古代書體演變重要的資料，部分銘文曾引起國內外學術界的關注；字磚所注年代為延熹七年（公元 164 年）、建寧三年（公元 170 年）。其中一墓有石室七間，規模宏大，儼然地下宮，室內有大型畫像石刻、彩繪，今仍隱約可見。另一墓出土有曹憲印信。〔註3〕

曹氏家族墓群對研究東漢後期的墓葬形制和喪葬習俗具有重要學術價值，這裡發現的 800 多塊帶文字的墓磚，對研究東漢時期的書法文字和社會歷史也頗具意義。〔註4〕

二、河南安陽市西高穴曹操高陵

河南省文物考古研究所等在河南省安陽市安陽縣西高穴村清理了一座東

〔註3〕中國國家文物局主編：《中國名勝辭典》，上海辭書出版社，1986 年，頁 465。
〔註4〕中國國家文物局、中國文物報社編：《中華文明遺蹟通攬》，2002 年，頁 312；
　　　李燦：〈亳縣曹操宗族墓葬墓〉，《文物》，1978 年 8 期。

漢末年大型磚室墓。墓葬平面呈甲字形，為多室磚室墓，由墓道、磚砌護牆、墓門、封門牆、甬道、墓室和側室等部分組成。根據墓葬形制及規格、出土遺物、墓主人性別及年齡、墓葬所處位置，並結合有關文獻記載，該墓應是魏武王曹操的高陵。

曹操高陵。該地西依太行，北臨漳河，南倚南嶺，地勢較高。西高穴村向東 7 公里為西門豹祠遺址，14 公里餘為鄴城遺址。東臨安陽固岸北朝墓地，隔漳河向北為講武城遺址和磁縣北朝墓群。

由於該墓葬西面是磚場取土區，墓壙西部填土被下挖約 5 公尺，使其局部暴露出來，引起多次盜掘。2008 年春，有畫像石等遺物被盜。為了搶救地下文物，避免墓葬遭到進一步破壞，經中國國家文物局批准，河南省文物考古研究所於 2008 年 12 月中旬開始對此墓葬進行搶救性發掘。共清理了兩座墓葬，分別編號為 1 號墓、2 號墓。因為 1 號墓尚在發掘之中，此次僅將 2 號墓（曹操高陵）的資料報導如下。

2 號墓位於西高穴村西南，位於 1 號墓的南面。海拔 105 公尺，地勢高亢，地表現為農田。墓葬開口於地表下 2 公尺處，經發掘，墓上未見封土。墓室西部斷崖處有一直徑 3.8、深 3 公尺的大型盜洞，未盜到墓室。斷崖下有南、北兩個盜洞，其中 1 號盜洞由於上部地層已經被磚場取土時挖掉，時代不明；2 號盜洞為現代，直徑約 1 公尺。有清理 1 號盜洞時，在距地表 5 公尺處的盜洞周圍，出有大量畫像石殘塊。

墓葬前室的部分鋪地石已被揭去，特別是其北側室的鋪地石，破壞嚴重。後室中部靠近甬道的一塊鋪地石也被揭取並砸碎，還向下挖了一個深坑。

（一）墓葬年代

從墓葬形制及結構看，西高穴號墓與洛陽發現的曹魏正始八年大墓基本相同。〔註 5〕如均為帶有較長斜坡墓道的大型多墓室磚室墓，前室均有兩個側室，方向為座西向東略偏南；前室平面為正方形，四角攢尖頂；都出土有鐵質帳構架等。表明兩墓年代應接近，並有明顯的傳承關係。從出土器物形制來看，西高穴二號墓出有東漢晚期的典型器物，如陶鼎、敦、壺、案等，具有明顯的東漢晚期的時代特徵，其時代應早於魏晉。另外，二號墓用磚為特製的大型墓磚，與洛陽邙山發掘的東漢墓磚也基本相同。因此，根據墓葬

〔註 5〕河南省文物考古研究所、安陽縣文化局：〈河南安陽市西高穴曹操高陵〉，《考古》，2010 年第 8 期。

形制及結構、出土陶器形制,並結合所出東漢五銖錢、畫像石的內容等多方面證據,西高穴二號墓的時代應為東漢晚期。

(二)墓主人身分

西高穴二號墓應為魏武王曹操的高陵,其理由如下。

首先,該墓為東漢末期大墓,與曹操所處時代相符。該墓所出刻銘石牌多出自後室南側室中,位置集中,有的直接壓於漆木器和銹蝕的帳構架之下,位置應沒有被擾動。這些石牌具有當時流行的「物疏」性質,其上所刻文字內容有「木墨行清」、「香囊卅雙」等,均為當時特有用語。這些石牌字體為漢隸,俗稱「八分體」,也與當時字體相同。

該墓前室所出刻有「魏武王常所用挌虎大戟」等石牌上的「魏」字寫法,具有東漢末期的時代特徵。在「委」和「鬼」字中間加一「山」字,這是東漢至魏晉時期存在的特殊寫法,北魏以後中間的「山」字已不再出現。這也是判定此墓為東漢至曹魏時期的有力證據。「常所用」等用語也符合當時語法習慣。如《三國志·吳書》上就有孫權「即敕以己常所用御幘青縑蓋賜」給周泰的記載。

其次,該墓與同期墓葬相比,規模宏大結構複雜,埋葬葬較深,僅其墓道就可見一斑。墓道長近40、上口寬近10、最深15公尺。寬度比已被認定為北齊開國皇帝高洋的灣漳大墓寬兩倍還多,長度也多出10公尺。因此,此墓應為王侯一級的,與魏武王曹操身分相符。整個墓室深達15公尺,也與曹植在其《誄文》中所寫的「窈窈弦宇,三光不入」相符。

第三,曹操於建安二十三年(公元218年)六月,令曰:「因高為基,不封不樹」。此墓葬所處位置海拔103～107公尺,比3公里之外的固岸北朝墓地海拔高出10公尺,符合其「因高為基」的要求;此次發掘,在墓室上面未見有封土,與曹操令曰:「不封不樹」的要求符合。

第四,該墓位於西門豹祠西,與曹操令曰:「古之葬者,必居瘠薄之地。其規西門豹祠西原上為壽陵」相符。西門豹祠位於鄴城故城西、漳河南岸,今漳河大橋南行1公里處,地屬河南安陽縣安豐鄉豐樂鎮。其故址尚存,現為一高台地,高出地面約2～3公尺,其上為一東漢至南北朝時期的遺址。在這裡的地面上,至今還散落著不少東漢、東魏、北齊時期的磚瓦殘片,這說明在當時該處曾存在地面建築。

西高穴曹操高陵位置示意圖

西高穴曹操高陵平面結構圖

西高穴曹操高陵平面圖

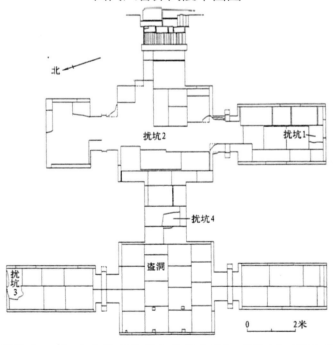

以上三圖取自：〈河南安陽市西高穴曹操高陵〉，《考古》2010 年 8 期。

　　據《水經注・濁漳水》條記載：「漳水又東逕武城南。……漳水又東北逕西門豹祠前。祠東側有碑，隱起為字，祠堂東頭石柱勒銘曰：『趙建武中所修也』」。這是目前所知西門豹祠中較早的文獻記載。其建於後趙建武年間，即公元 335～348 年。此勒柱石刻現存於臨漳縣文物保管所。（此段考古報告，所引的《水經注・濁漳水・又東出山過鄴縣西》條，斷句錯誤，而且祠誤為詞字，敏聰逕予更正）

　　唐代的《元和郡縣圖志》相州鄴縣條中明確記載：「魏武帝西陵在縣西三十里」。同書亦載，西門豹祠在『縣西十五里』，與現西門豹祠的位置相符。而西高穴村東距鄴城故址 14.5 公里，其位置與文獻所記載的曹操高陵的位置也相符。

　　第五，1998 年 4 月，在西高穴村發現了後趙建武十一年（公元 345 年）大僕卿駙馬都尉魯潛墓誌。墓誌記載：「故魏武帝陵西北角西行四十三步，北迴至墓名堂二百五十步」。此墓誌是最早明確記載魏武帝高陵具體方位的出土文獻，它將魏武帝曹操高陵的位置鎖定在漳河南岸的西高穴村範圍內。此墓誌所記載的墓主人魯潛去世的年代距曹操去世時僅 125 年，魯潛墓誌所記載的資料應該是可靠的。

　　第六，該墓出有刻「魏武王」三字的銘牌 7 塊，以前室所出的刻有「魏武王常所用挌虎大戟」的石牌最為完整。石牌出土時已斷為兩節，一節的位置距南壁 1.4、西壁 3.75 公尺；另一節距西壁 2.7、南壁 1.15 及墓底 0.5 公尺。石牌出土位置明確，所提供的信息也準確，是認定墓主身分的直接證據。

　　《三國志・魏書・武帝紀》記載，建安十八年五月丙申，天子策命（曹）公為魏公。此後又分封為魏王，建安二十五年一月，「庚子，王崩於洛陽，年六十六。……謚曰武王，二月丁卯，葬高陵」。同年十月，曹丕代漢自立，建立魏朝，追尊其父為武皇帝，廟號太祖。因此，曹操的爵位先為魏公，再為魏王，去世後謚魏武王，後為魏武帝，這是一個脈絡十分清晰的過程。魏武王是曹操下葬時的稱謂，因此其稱謂相符。

　　第七，據《三國志・魏書・武帝紀》，建安二十一（公元 213 年）年夏四月，天子冊封曹操為魏王，邑三萬戶，位在諸侯王上，獲得「參拜不名、劍履上殿」的權力。此墓所出圭、璧體型較大，也可反映出該墓葬的王侯等級，而且圭、璧配套使用又是帝王陵墓的一個突出特徵。這表明墓主人具有王一級的身分和地位。在目前已發現的 7 座東漢諸侯王墓中，該墓規格是很高的，也與

文獻記載的「位在諸侯王上」的內容相符。

第八，曹操在其《遺令》中叮囑其後人要「斂以時服，無藏金玉珍寶」。在該墓中未發現有為其安葬所製作的金玉禮器。所出土的金絲、金鈕扣等均為衣服上的飾品，而且在記載其隨葬品的石牌中也沒有關於金銀珠玉的記載。此外，圭和璧等大型禮器，均為石質。其中一件玉佩，其尖部已經殘缺，說明是墓主生前常所用的東西，這也是其「斂以時服」的有力證據。

第九，該墓所出陶器，器形偏小，做工粗糙，均為泥質素面灰陶，未見漢代墓葬中常見的彩陶。這也符合曹植在《誄文》中「明器無飾，陶素是嘉」的記載。

第十，在該墓的墓室中共出土了 3 個個體的人骨，均被擾動。經鑒定男性人骨的年齡在 60 歲左右，與魏武帝曹操去世時 66 歲年紀相當。此墓葬中人骨的出現排除了其為疑冢的可能性，也是認定其為曹操墓葬的又一物證。

綜上所述，考古工作者初步認定西高穴二號墓的墓主為魏武帝曹操，該墓即是魏武帝曹操的高陵。〔註6〕

敏聰曾於 2013 年，欲考察曹操高陵，但因修路，僅能到西門的祠堂。

魏晉帝陵，在今洛陽偃師市境內的首陽山。首陽山，位於漢魏洛陽故城的北面，東西綿延 15 公里，因山出先照而得名。山南為沖積台地，北高南低。這一帶北枕邙山，南望伊、洛，依山臨水，地勢平坦開闊，是理想的風水寶地，曹魏陵區和西晉陵區就造在這一帶。曹魏陵區在首陽山西段，西晉陵區在首陽山東段，互為比鄰，西與東漢陵區相連。

曹魏立國 45 年，傳 5 帝，陵墓皆在洛陽都城附近。〔註7〕

（一）魏文帝首陽陵

《三國志‧魏書‧文帝丕紀》：黃初七年五月「丁巳，帝崩於嘉福殿，時年四十。六月戊寅，葬首陽陵。」當在今偃師市首陽山南。

魏文帝曹丕，字子桓、武帝太子，生於中平四年（187 年）冬。建安二十五年（220 年），太祖崩，繼丞相、魏王，遂代漢稱帝。黃初七年（226 年）五月，「帝崩於嘉福殿，時年四十，六月戊寅葬首陽陵」。

《水經注》云：「河水經平陰縣北，南對首陽山，春秋所謂首戴也，上有

〔註6〕河南省文物考古研究所、安陽縣文化局：〈河南安陽市西高穴曹操高陵〉，《考古》，2010 年第 8 期。

〔註7〕圖說洛陽系列：《洛陽古墓》，鄭州：大象出版社，2010 年，頁 63～64。

夷齊廟，即邙山最高處，日出先照，故名。山之南魏文帝陵在焉。」首陽山在偃師市城西北，東西長約 15 公里，文帝陵在首陽山東段，即今首陽山火車站一帶。

曹丕受其父曹操的影響，主張從儉治喪。他認為殯葬的目的是要埋藏起來，讓人看不見，找不著。於黃初三年（222 年）詔令：「骨無痛癢之知，冢非棲神之宅，禮不墓祭，欲存亡之不黷也，為棺槨足以朽骨，衣衾足以朽肉而亡。」要求墓中不要施設葦炭，不要埋藏金銀銅鐵。棺木漆上三遍即可，也不要在口中放珠玉，不要放置珠器、玉匣。

文昭甄皇后（183～221）朝陽陵：在安陽縣北 14 公里辛店鄉西靈芝村東頭。

（二）魏明帝高平陵

《三國志・魏書・明帝睿紀》：景初三年正月丁亥，「即日帝崩於嘉福殿，時年三十六。癸丑葬高平陵」。其下注引《魏書》曰：「殯於九龍殿前。」《三國志・魏志・齊王芳紀》注引孫盛《魏世籍》曰：「高平陵在洛水南大石山，去洛陽城九十里。」《水經注・伊水條》曰：「大石山阿有魏帝高平陵。」大石山即偃師南大谷口。

魏明帝曹叡，字仲元，黃初七年（226 年）五月立為太子，丁巳即皇帝位。據《三國志・魏書・明帝紀》載，魏明帝曹叡於景初三年（239 年）正月，崩於崇福殿，終年 36 歲，在位 12 年。臨死前，召見司馬懿說：卿為魏國江山功德無量。我去後把少子託付於君與曹爽共輔之，朕就放心了。今能與卿再見一面，去後就無甚憾事了。說完命少子齊王芳上前抱住司馬懿的頸，以謝司馬懿受託之恩。明帝殯於九龍前殿，癸丑日，「葬高平陵」。《魏世譜》指出：「高平陵在洛水南大石山，去洛城九十里。」《後漢書・馬融傳》注：「大石山，又名萬安山，在河南郡境，洛陽縣南。」清《洛陽縣志》載：「在茹店東二里許霸陵山下」，今洛陽汝市陽縣茹店村東南霸陵山下。但敏聰按，此陵應不是高平陵。高平陵應在洛陽市伊濱區寇店鎮西朱村大墓（疑魏明帝郭皇后墓）的東側大墓為魏明帝高平陵？〔註8〕

2015 年 7 月 19 日，洛陽市伊濱區寇店鎮西朱村的村民，在村子南邊 700 公尺處進行遷墳工程時，意外發現這座曹魏大墓的墓道封土，墓室內疑似已被

〔註8〕 胡鴻：〈天下之中的苦樂悲歌〉，收入耿朔、仇鹿鳴編：《問彼嵩洛——中原訪古行記》，北京：中華書局，2019 年。

盜墓者光顧，經大陸國家文物局批准後，洛陽市文物考古研究院對墓葬進行搶救性發掘。

專家表示，根據出土的陶器、鐵器、銅器、漆木器、少量玉器以及100多件石質「遣冊」（隨葬品的清單）等400餘件文物，認定是曹魏時期的一座高等級貴族墓葬，很可能是魏明帝曹叡（206年～239年1月22日）的第2任妻子，明元皇后郭氏的陵墓。

洛陽市文物考古研究院院長史家珍表示，該墓葬平面呈甲字形，有7層台階，這是曹魏時期高等級貴族墓葬的特點，前室磚壁上依稀留有壁畫的痕跡，其中有祥雲、宴飲等圖案；不過，這座墓曾多次被盜，大部分墓磚都已不見，根據盜洞判斷，早在宋代就已有盜墓賊入侵。

根據出土「遣冊」上的文字判斷，隨葬品既有珍貴的珠寶、玉器、絲綢，也有大豆、小麥、粳米等農產品，還有相當數量的梳妝類器物，與文獻記載比對後，考古專家認為該墓葬的主人可能是魏明帝曹叡的第2位皇后郭氏。

研究這座皇后墓的1年多時間內，考古專家透過對周邊的調查鑽探，又束側400公尺的山崗發現另一座規模更大的墓葬，墓前正進行調查。〔註9〕

曹魏古墓有平面呈甲字形，有7層台階

洛陽市文物局，取自《洛陽晚報》。

〔註9〕〈古都洛陽古蹟多，村民遷墳發現曹魏皇后墓〉，《中時電子報》，2016年11月12日廖慧娟報導。

曹魏古墓出土的琥珀騎羊人

取自新浪微博＠洛陽文物局。

曹魏古墓出土的「遣冊」，記載「二升墨淶畫梡」等字樣。

取自新浪微博＠洛陽文物局。

（三）魏高貴鄉公曹髦陵

《三國志・魏書・高貴鄉公紀》：「甘露五年五月，高貴鄉公卒」。其下注云：「葬高貴鄉公於洛陽西北三十里瀍澗之濱。」

齊王曹芳被廢後，另立曹髦為帝。甘露五年（260 年），曹髦被殺，葬於洛陽西北 15 公里瀍澗之濱，今洛陽老城北邙山南坡。《漢晉春秋》載：「丁卯葬高貴鄉公於洛城西北三十里瀍澗之濱，下車數乘，不設旌旗。百姓聚而觀曰：『是前日所殺天子也。』」〔註10〕

〔註10〕圖說洛陽系列：《洛陽古墓》，鄭州：大象出版社，2010 年，頁 63～64。

（四）曹奐墓

位於臨漳縣城西南 28 公里，習文鄉趙彭城村西南約三百公尺處，北距鄴北城三台約 5 公里。

現存封土南北長 64 公尺，東西寬 51 公尺，高 4.6 公尺，面積 3264 平方公尺，封土的東北角破壞一部分，此處放置一殘存半個青石柱礎，直徑約 1 公尺。封土四面皆為耕地，附近的耕地內有散亂的磚瓦碎塊，部分帶黑油的碎瓦塊。

按《三國志·魏書·卷四》載：曹奐字景明，燕王宇的兒子，魏武操的孫子，是曹魏王朝最後一個皇帝——魏元帝。咸熙二年（公元 265 年）十二月奉皇帝璽綬冊禪位於晉嗣王司馬炎。晉封帝為陳留王，館於鄴，時年二十歲，到晉太安元年（公元 302 年）死於鄴，年五十八歲。嘉靖《彰德府志》、光緒《臨漳縣志》均明載：「曹奐墓在臨漳縣趙彭城村。」〔註11〕

第三節　吳國陵寢

帝 系	姓 名	陵 名	陵　　地
先　世			
武烈帝	孫堅		江蘇省鎮江市丹陽市司徒鎮大壩村北
本　朝			
大帝	孫權	蔣陵	江蘇省南京市梅花山。
會稽王	孫亮		江蘇省南京市江寧區板橋、鐵心一帶。（具體位置不詳）
景帝	孫休	定陵	安徽省馬鞍市雨山區宋山？
			安徽省馬鞍市雨山區「天子墳」？
烏程侯	孫皓		河南省洛陽市。（具體位置不詳）
追　尊			
文帝	孫和	明陵	浙江省湖州市南。（具體位置不詳）

元·至順《鎮江志·陵墓》載：「吳高陵，在吳陵港。武烈皇帝所葬。」又：「孫堅征丹徒，為黃祖所殺，還葬曲阿。」「當地人（至）今稱為孫墳，以其最大異於他墳，故又呼為大墳。」司徒的大墳村由此而得名。高陵即在今丹陽市城西 15 里，又稱吳王陵。此陵墓下有條河，古稱吳陵港。明清時河上有

〔註11〕又 1999 年修《臨漳縣志》，北京：中華書局，頁 772。

古橋,因此橋在吳王陵墓側,故名吳陵橋。今吳王陵在丹陽市司徒鎮大墳村與譚巷村交界處。

孫策死後,葬於何處,未見史料記載,而在編寫地方志採集資料中,司徒譚巷、大墳老者均稱「民傳孫策葬於譚巷墩下自然村東北側的墩裡」,今此墩民稱墩下墩。此墩高 21.2 公尺,呈饅首形,墩上面積約 4 畝餘。

吳王陵墓地處寧鎮丘陵西部邊緣。武烈皇帝孫堅陵居今大墳村北偏東,南距墩下墩約一里許,西距白鶴山孫鍾墓約 3 里許。孫堅和孫策陵東側的吳陵港(又稱烏龍河),通丹陽練湖。河上的石橋,古稱吳陵橋。距吳王陵約 1 里許,古時有烏龍庵。這一地域的吳王陵處,丘陵起伏,大墳墩和墩下墩高高矗立,樹木鬱鬱蒼蒼,而陵墓的南部則是小橋流水,一馬平川,地勢平坦,開闊。

清‧光緒《丹陽縣志‧水利》載:「赤烏八年(245 年),使校尉陳勛作屯田,發屯兵三萬,鑿句容中道至雲陽西城,以通吳會船艦,號破岡瀆。上下 14 埭,上七埭入延陵界,下七埭入江寧界。於是東郡船艦不復行京口矣。」孫權鑿破岡瀆何意?是否一為便利來曲阿謁陵,二為漕運方便。因孫權稱帝建業(今南京),來吳王陵謁陵雖可以從長江至京口(今鎮江)入京杭運河,再從運河入丹陽練湖至吳陵港謁陵,但這樣行路實在不便,而鑿其破岡瀆後,由建業直下延陵曲阿至香草河進入吳陵港,船艦行駛便捷,謁陵途程和時間可大為縮減。〔註12〕

孫權墓在南京明孝陵前,惟目前不明其基址。

申報 2006 年全國十大考古發現的南京上坊東吳大墓因沒有發現墓誌致使墓主身分至今是個謎。昨天,南京市博物館一位考古專家告訴早報記者,在對該墓的墓道進行清理的過程中,發現了 3 塊刻有文字的青磚,兩塊刻著「孫」,一塊刻著「浩」。「這是自發掘以來首次發現的文字。」南京大學文化與自然遺產研究所所長賀雲翱告訴早報記者,從該墓室的規模判斷這裡極有可能是一座皇室墓。

2005 年年底,南京南郊江寧區科學園管委會在上坊鎮中下村道路施工過程中發現一座大型孫吳磚室墓葬。據南京市博物館副館長華國榮介紹,推定此墓時代為孫吳晚期,墓主身分為當時高等級貴族,或為孫吳王室。

前不久,考古隊員對原本深埋在墓門前地下的磚砌排水溝向南進行了發

〔註12〕張昌齡:〈司徒三國吳王陵墓考〉,收入丹陽歷史文化專輯:《古邑史蹤》,上
　　　　海:三聯書店,1994 年。

掘，考古人員解剖了其中 50 公尺排水溝，每一塊磚都被拆下來洗乾淨。在第 25 公尺處，第一塊刻著「孫」字的磚出現了，然後是第二塊，再接著是一塊刻著「浩」字的磚。

賀雲翱表示，南京是孫吳都城建業所在地，迄今發現了數以百計的孫吳墓葬，此墓是其中規模最大、結構最為複雜的一座，不得不讓人聯想起東吳末帝孫皓——1500 年前，同音字互用是比較常見的現象；另一方面，在墓室內外都放上一塊銘文磚或墓誌以相互印證墓主人身份是六朝人的一種葬俗。但遍查史料，東吳大帝孫權的後代中沒有叫「孫浩」的。

「皓以四年十二月死，時年四十二，葬河南縣界。」賀雲翱表示，據《三國志·吳書·孫皓傳》記載，公元 280 年，晉武帝滅了蜀國後，順流而下大舉伐吳，兵臨石頭城下，孫皓開門迎降，被俘至洛陽，幾年後客死他鄉。賀雲翱表示，孫皓不可能回到南京葬在此處，但古代帝王常常從登基開始就給自己修造墳墓。在此次發掘中，雖然墓室中有 3 座棺床，卻只有兩副殘棺，可以用來解釋的，就是墓室裡並沒有主人。〔註13〕

圖　版

成都武侯祠內的漢昭烈陵廟

游清富先生攝

〔註13〕龔菲：〈上坊墓為東吳末代帝陵？〉，《東方早報》，2007 年 2 月 14 日。

漢昭烈陵廟中的劉備像

四川成都武侯祠，游清富先生攝。

漢昭烈帝聖號碑

取自陳舜臣：《中國の歷史》，日本，
東京：平凡社，1982 年。

魏文帝曹丕陵地貌？

洛陽市偃師市

魏明帝高平陵？

洛陽市汝陽縣內埠鄉

南京紫金山孫權墓址碑

自中山門至麒麟門路，俗曰九岡十八凹，第三孫陵崗也。〔註14〕

〔註14〕 王煥鑣編撰：《首都志》，台北：正中書局，1935 年初版，1966 年重印，頁 239。

第十一章　晉朝陵寢

帝 系	姓 名	陵 名	陵 地
先　世			
宣帝	司馬懿	高原陵	今地待考。
景帝	司馬師	峻平陵	今地待考。
文帝	司馬昭	崇陽陵	河南省洛陽市偃師市城關鎮邙山南麓潘屯、後社樓村北5公里的枕頭山南坡。（東陵區）
本　朝			
（一）西晉			
武帝	司馬炎	峻陽陵	河南省洛陽市偃師市首陽鎮南蔡莊北 2.5 公里的鏊子山下（峻陵兒地）（西陵區）。
惠帝	司馬衷	太陽陵	今地待考。
懷帝	司馬熾		平陽（山西省臨汾市？）
愍帝	司馬業		平陽（山西省臨汾市？）
（二）東晉			
元帝	司馬叡	建平陵	南京市雞籠山之陽，即今南京大學北園、鼓樓崗南麓一帶（西陵區）。
明帝	司馬紹	武平陵	南京市雞籠山之陽，即今南京大學北園、鼓樓崗南麓一帶（西陵區）。
成帝	司馬衍	興平陵	南京市雞籠山之陽，即今南京大學北園、鼓樓崗南麓一帶（西陵區）。
康帝	司馬岳	崇平陵	南京市鍾山之陽，龍尾坡，今富貴山一帶（東陵區）。
穆帝	司馬聃	永平陵	江蘇省南京市幕府山之陽（北陵區）。

哀帝	司馬丕	安平陵	南京市雞籠山之陽，即今南京大學北園、鼓樓崗南麓一帶（西陵區）。
海西公	司馬奕	吳陵	江蘇省蘇州市吳縣。
簡文帝	司馬昱	高平陵	江蘇省南京市鍾山之陽龍尾坡，今富貴山一帶（東陵區）。
孝武帝	司馬曜	隆平陵	江蘇省南京市鍾山之陽龍尾坡，今富貴山一帶（東陵區）。
安帝	司馬德宗	休平陵	江蘇省南京市鍾山之陽龍尾坡，今富貴山一帶（東陵區）。
恭帝	司馬德文	冲平陵	江蘇省南京市鍾山之陽龍尾坡，今富貴山一帶（東陵區）。

一、西晉帝陵

西晉以洛陽為都，自公元 265 年至公元 316 年共歷四帝 52 年，其中懷帝、愍帝被劉聰弒於平陽，餘武帝、惠帝加上追封的宣帝、景帝、文帝均應葬在都城。洛陽市偃師市一帶的邙山，對此史書多只載其陵號，陵址則不詳。目前從近代出土墓誌，對西晉文帝的崇陽陵、武帝的峻陽陵位置已做過較詳細的考古鑽探和發掘，另宣帝的高原陵、景帝的峻平陵、惠帝的太陽陵等三陵的具體位置尚不能確定。

依據史料，及 1982 年 10 月～1983 年 1 月，中國社會科學院考古研究所的勘察，可窺見西晉陵地望的端倪。

（一）晉宣帝（司馬懿）高原陵

《晉書‧禮中》，嘉平三年「六月，帝寢疾……。秋八月戊寅，崩於京師，時年七十三。……先是預作終制，首陽山為土藏，不墳不樹，……如遺命」《宋書‧禮二》：「晉宣帝豫自於首陽山土藏，不墳不樹，作顧命終制，斂以時服，不設明器。文、景皆謹奉成命，無所加焉。」《通志》云：「陵在河南府城北二十里。」考其在偃師市南蔡莊北邙山和乾脯山之陰。

（二）晉文帝崇陽陵

考陵在偃師市後社樓村北 5 公里枕頭山南坡。

（三）晉景帝峻平陵

《宋書‧禮二》：「景帝崩，喪事制度，又依宣帝故事。」考陵在偃師市南蔡莊北邙山和乾脯山之陰，晉宣帝高原陵之西。

（四）晉武帝峻陽陵

《晉書・武帝紀》：太熙元年四月：「帝崩於含章殿，時年五十五，葬峻陽陵。」考陵在偃師市南蔡莊村北鏊子山。

（五）晉惠帝太陽陵

《晉書・惠帝紀》：光熙元年「十一月庚午，帝崩於顯陽殿，時年四十八。葬太陽陵，」考陵在偃師市南蔡莊村北，晉武帝峻陽陵之西。

《文選》卷三十八傅季友：〈為宋公至洛陽謁五陵表〉（敏聰按：東晉劉裕北伐，收復故都洛陽，謁五陵）注引郭緣生《述征記》載，西晉五座帝陵分別位於東西相連的邙山和乾脯二山之陽，自東至西為文帝崇陽陵，武帝峻陽陵和惠帝太陽陵，山之陰為宣帝高原陵和景帝峻平陵。

1918 年〈晉故中書侍郎潁川潁陰荀岳及妻劉簡訓墓誌〉與 1930 年晉武帝貴人左棻墓誌的出土為尋找晉陵地望提供了線索。荀岳墓誌稱其「陪祔晉文帝陵道之右」，而左棻墓誌則示其「葬峻陽陵西徼道內」，據此，蔣若是先生在其〈從「荀岳」「左棻」兩墓誌中得到的晉陵線索和其他〉，《文物》，1961 年第10 期。認為崇陽殿、峻陽陵「一在南蔡莊村，一在南蔡莊北地，相距不過五里，這已經為晉陵的南北線勾出了一個簡單的輪廓了」。由於其依據的墓誌確切出土地點有誤，此結論被 1982～1983 年中國社會科學院考古研究所漢魏洛陽城隊的考古勘察所否定。

經過調查勘探，發現了峻陽陵墓地與枕頭山墓地。峻陽陵墓地位於偃師南蔡莊村北 2.5 公里的山坡上，背靠鏊子山，面對伊洛平原，俗稱「峻陵兒地」。該墓地 23 座古墓分佈集中，自成一區，統一規劃，形制統一，均座北面南，為具有既長又寬的斜坡墓道的土洞墓，主次分明，尊卑有序。其中 M1 位於最東，稍偏前，居於尊位，規模最大。墓道長 36、寬 10.5 公尺，墓室長 5.5、寬3、高 2 公尺。另外 22 座墓在西部，分四排，規格較 M1 次，且諸排規格呈遞減趨勢。考古工作者據此地的地理條件、左棻墓誌、距晉洛陽城的距離認為此M1 即為峻陽陵。

枕頭山墓地，位於偃師市後社樓村北 1.5 公里一座無名山丘南坡，俗稱「鏊蓋地」。背靠枕頭山，面對伊洛平原。該地發現 5 座古墓，形制、佈局與峻陽陵墓地一致。其中 M1 規模最大，規格最高，位於墓地東部，墓道長 46，寬 11 公尺，墓室長 4.5、寬 3.7、高 2.5 公尺，其餘 4 坐墓在西部，分兩排，規格次於 M1。墓地周圍殘存有陵垣及建築遺蹟。陵垣只發現東、西、北三面，

三面圍成一個北窄南寬的梯形，南北最長近 400、東西最寬處約 250 公尺。建築遺蹟有兩處，一處位於墓地東北角，東陵垣的盡北端，為長方形夯土台墓；另一處位於第三段西垣之南側，由三塊夯土墓址組成。我們認為「從其位置看，這兩處建築遺蹟應與陵區守衛有直接關係」。為了準確了解兩處墓地的時代與性質，發掘了枕頭山墓地規模較小的 M4、M5，並認為其所出墓磚為晉磚，是判斷墓葬年代的佐證。根據其地理位置、荀岳墓誌、與峻陽陵時代和級別的相似性等認為枕頭山墓地 M1 為崇陽陵。

2002 年 5 月～2007 年 6 月，洛陽市第二文物工作隊對邙山各時期的古代墓進行考古調查和勘測時，對這二處陵園遺址進行了 GPS 定位。對這個區域的普查，沒有發現確切屬於曹魏、西晉時期的墓冢，多數墓冢為東漢時期。在曹魏、西晉帝陵的陪葬墓群和其餘帝陵的地望等方面無實質性進展。但通過對峻陽陵墓地、枕頭山墓地的鑽探、發掘，為了解晉代陵墓制度，勘察西晉其他幾座帝陵奠定了基礎。

另外，洛陽地區也發掘了一些晉墓，比較重要的如杏園 34 號墓、元康九年徐美人墓、太康八年墓、永寧二年墓、洛陽西郊晉墓、孟津三十里舖西晉墓、送莊鄉東山頭村南晉墓、三十里舖村東北晉墓等，這批墓葬多分佈於晉洛陽城西或城北，如僅三十里舖附近就相繼發現了數十座西晉時期墓葬，它們形制規模不一，隨葬品豐富，組合明顯，且有的紀年明確，對於洛陽地區西晉墓的分型分期研究，進一步尋找晉陵及陪葬墓意義重大。〔註1〕

〔註 1〕 中國社會科學院考古研究所洛陽漢魏故城工作隊：〈西晉帝陵勘察記〉，《考古》，1984 年 12 期；洛陽文物管理局：《洛陽大遺址研究與保護》，北京：文物出版社，2009 年，頁 217～218；洛陽市第二文物工作隊、偃師市文物局：〈河南偃師市首陽山西晉帝陵陪葬墓〉，《考古》，2010 年 2 期。

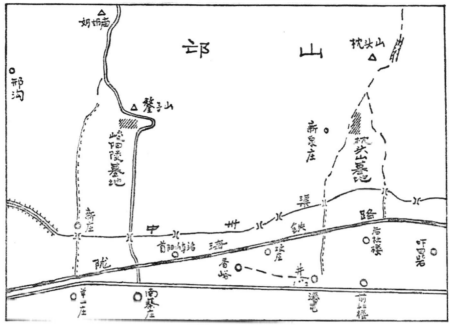

峻陽陵墓地、枕頭山墓地位置示意圖

圖引自，中國社會科學院考古研究所洛陽漢魏故城工作隊：〈西晉帝陵勘
察記〉，《考古》，1984 年 12 期。

二、東晉帝陵

東晉十一帝陵，均在江寧縣，但是俱不存，《歷代山陵考》云：「無地方可
考。」《明一統志》：「惟安帝起墳，餘皆不可辨。」據《江寧府志》所載建平
陵、武平陵、興平陵，在雞籠山，不起墳，《江寧府志》又載：「永平陵在幕府
山西，俗傳穆天子墳，即此。桓溫廢帝奕為東海王，疑奕之墓亦在其中。東晉
時有不起墳之制，以至今日墳皆不能辨」，惟陵地近經考古鑽探、發掘，已大
致漸趨明朗。

東晉的帝王墓葬，多在台城東西兩側。東晉王朝歷時一百零四年，共計
十一位皇帝，除廢帝司馬奕葬於死地吳縣外，元帝、明帝、成帝、哀帝四陵
葬於今南京市雞籠山陽，約在今鼓樓崗南麓，稱為西陵。1972 年，考古工作
者在南京大學北園發掘出一座東晉大墓，當為西陵之一。康帝、簡文帝、孝
武帝、安帝和恭帝五陵葬於鍾山之陽，即今太平門內富貴山南麓一帶，稱東
陵。1961 年，南京文物管理委員會在富貴山南麓發現了一塊書有「宋永初二
年太歲辛酉十一月乙巳朔七日辛亥晉恭帝之玄宮」的石碑，三年後又在此碑
附近發掘出了東晉大墓。另有晉穆帝永平陵在今幕府山西南麓。東晉陵墓因

當時南渡偏安，尚且企望日後收復失地，歸葬祖陵，因而規制草創，大多只是平葬，不起隆墳。據宋人蘇洞《金陵雜興詩》中「王陵歌舞換埃塵，地下黃金出尚新。碑字已漫青草死，酸風吹煞石麒麟」的描述，陵前當有石碑、石獸為鎮，但歲月遙遙，現均已毀之無存了。東晉陵墓目前發掘較完整的只有晉穆帝永平陵與晉恭帝冲平陵二陵。

永平陵位於和平門外幕府山南麓，陵墓依山而建，地宮由墓室及過道兩大部分構成。整個墓門為磚封砌，保存完好，入門是一條長二點三公尺、高二點四五公尺、寬一點四公尺的磚砌弧形頂過道，穿越過道，即入墓室。墓室磚砌，呈圓弧形券頂，長五點五公尺、寬二點六公尺、高三點零五公尺。墓底磚鋪人字形地面，棺床係用磚平砌，長三點六公尺，寬二點六公尺，高出地面約五公分。永平陵園歷史上多次被盜，凡珍貴隨葬品，都已被洗劫一空，只殘存陶瓷器、漆器、五銖錢等物五十三件。永平陵規制較小，但卻設計合理，結構嚴謹，具有高超的建築藝術。

晉恭帝司馬德文係東晉最後一個皇帝，在位二年，劉裕即廢帝自立，又殺之，以晉禮帝制安葬。恭帝冲平陵在富貴山上，鑿山而築，由墓道、封門牆、甬道與墓室組成。墓室長七點零六公尺，寬五點一八公尺，高五點一五公尺，四壁磚砌，拱券形墓頂，甬道與墓室相連，呈長方形券頂，也用磚砌成，甬道中間設有兩層木門。甬道之前由磚砌封門牆，外兩側用磚土夯築成擋土牆，以保護墓室，加固封門牆，另在甬道內口外砌封門磚。封門牆正前方即為墓道。整個陵墓用磚達四萬塊，開石方一千四百立方公尺，約需用工四萬以上，規模浩大。冲平陵歷史上也多次被盜，墓中有盜洞多處，隨葬物品大多流失，甚至墓室中原置漆棺也只存有紅色漆皮殘蹟。僅有一些陶瓷器和鎏金環、玉佩、琉璃珠、石珠、石刻小獸等飾物，製作都很精細，造型生動。〔註2〕

〔註 2〕 蔣贊初：〈南京東晉帝陵考〉，《東南文化》，1992 年第 3、4 期；王志高、周維林：〈關於東晉帝陵的兩個問題〉，《東南文化》，2001 年第 1 期，總 141 期；高樹森、邵建光編：《金陵十朝帝王州》，中國人民大學出版社，1991 年，頁 87～88；羅宗真、王志高：《六朝文物》，南京出版社，2004 年，頁 81～82。

圖　版

晉陵西區南蔡莊地貌（一）　　　晉陵西區南蔡莊地貌（二）

晉陵東區地貌（一）　　　　　晉陵東區地貌（二）

南京市鼓樓崗南麓

南京市鼓樓崗南麓一帶為東晉元帝建平陵、明帝武平陵、成帝興平
陵、哀帝安平陵的地望。

東晉恭帝玄宮石碣

南京博物院藏

第十二章　五胡十六國陵寢

一、前趙（漢）陵寢

帝　系	姓　名	陵　名	陵　　　地
光文帝	劉淵	永垣陵	陝西省渭南市白水縣林皋鎮趙家窰東。
昭武帝	劉聰（載）	宣光陵	山西省臨汾市西南11里。
後主	劉曜		今地不可考。

二、後趙陵寢

帝　系	姓　名	陵　名	陵　　　地
明帝	石勒	高平陵	（一）河北省邢台市李馬村？
			（二）山西省晉中市榆社縣北12公里趙王村？
			（三）山西省晉城市陵川縣城內崇安寺左側？
			（四）山西省長治市武鄉縣北？
海陽王	石弘		今地不可考。
武帝	石虎	顯元陵	河北省邯鄲市臨漳縣。
後主	石世		今地不可考。
後主	石遵		今地不可考。
後主	石鑒		今地不可考。
後主	石祇		今地不可考。

三、前燕陵寢

帝　系	姓　名	陵　名	陵　地
		先　世	
武宣帝	慕容廆		遼寧省朝陽市青山。
		本　朝	
文明帝	慕容皝	龍平陵	遼寧省朝陽市龍山。
景昭帝	慕容儁	龍陵	遼寧省朝陽市。
幽帝	慕容暐		今地不可考。

四、前秦陵寢

帝　系	姓　名	陵　名	陵　地
景明帝	苻健	原陵	今地不可考。
厲王	苻生		今地不可考。
宣昭帝	苻堅		陝西省咸陽市彬（邠）縣水口鎮九田村。
哀平帝	苻丕		今地不可考。
高帝	苻登		今地不可考。
後主	苻崇		今地不可考。

五、後秦陵寢

帝　系	姓　名	陵　名	陵　地
		先　世	
景元帝	姚弋仲	高陵	甘肅省天水市甘谷縣東。
		本　朝	
武昭帝	姚萇	原陵	陝西省西安市高陵區通遠鎮西北 10 里灰堆坡村。
文桓帝	姚興	偶陵	陝西省西安市高陵區藥惠鄉麥張村。
後主	姚泓		今地不可考。

六、成（漢）陵寢

帝　系	姓　名	陵　名	陵　地
武帝	李雄	安都陵	四川省成都市。
哀帝	李班		今地不可考。

幽公	李期		今地不可考。
昭文帝	李壽		今地不可考。
歸義侯	李勢		今地不可考。

七、前涼陵寢

帝　系	姓　名	陵　名	陵　　地
文王	張駿	大陵	今地不可考。
桓王	張重華	顯陵	今地不可考。
哀公	張靈曜		今地不可考。
威王	張祚	愍陵	今地不可考。
沖王	張玄靚	平陵	今地不可考。
悼公	張天錫		今地不可考。

八、西涼陵寢

帝　系	姓　名	陵　名	陵　　地
武昭王	李暠	建世陵	甘肅省酒泉市城西 15 里。
後主	李歆		今地不可考。
後主	李恂		今地不可考。

九、北涼陵寢

帝　系	姓　名	陵　名	陵　　地
武宣王	沮渠蒙遜	元陵	今地不可考。
哀王	沮渠牧犍		今地不可考。

十、後涼陵寢

帝　系	姓　名	陵　名	陵　　地
懿武帝	呂光	高陵	今地不可考。
靈帝	呂纂	白石陵	甘肅省武威市東苑內沙坑中。
尚書公	呂隆		今地不可考。

十一、後燕陵寢

帝　系	姓　名	陵　名	陵　地
武成帝	慕容垂	宣平陵	今地不可考。
惠愍帝	慕容寶		今地不可考。
昭武帝	慕容盛	興平陵	今地不可考。
昭文帝	慕容熙	徽平陵	遼寧省朝陽市北。
惠懿帝	高雲		韭町（今地不可考）。

十二、南燕陵寢

帝　系	姓　名	陵　名	陵　地
獻武帝	慕容德	東陽陵	今地不可考。
後主	慕容超		今地不可考。

十三、西秦陵寢

帝　系	姓　名	陵　名	陵　地
宣烈王	乞伏國仁		今地不可考。
武元王	乞伏乾歸	抱罕陵	甘肅省臨夏回族自治州臨夏市東北。
文昭王	乞伏熾磬	武平陵	今地不可考。
後主	乞伏慕末		今地不可考。

十四、南涼陵寢

帝　系	姓　名	陵　名	陵　地
武王	禿髮烏孤		青海省西寧市東關外。
康王	禿髮利鹿孤	西平陵	青海省西寧市東南。
景王	禿髮傉檀		今地不可考。

十五、北燕陵寢

帝　系	姓　名	陵　名	陵　地
文成帝	馮跋	長谷陵	遼寧省北原市西官營子村將軍山東麓。
昭成帝	馮宏		今地不可考。

十六、夏國陵寢

帝　系	姓　名	陵　名	陵　地
武烈帝	赫連勃勃	嘉平陵	陝西省延安市延川縣城南 30 公里稍道河鄉古里村東 1.5 公里。
秦王	赫連昌（折）		今地不可考。
後主	赫連定		今地不可考。

　　永垣陵是前趙劉曜之父劉淵（元海）之墓，位於陝西省渭南市白水縣林皋鎮趙家窰村東。十六國時期前趙國君劉曜襲前漢地位後改國號為趙，遷葬其父，葬制依天子，號稱永垣陵，墓高 40 公尺、南北長 340 公尺、東西寬 96 公尺，墓冢仍然完好。〔註 1〕

　　唐・李吉甫《元和郡縣圖志》，卷十二：「劉聰墓在（臨汾縣）西南十一里。」又卷十五：「石勒墓，在縣（按：今邢台市）南十五里。」

　　五胡十六國之外還有代國末在十六國之列，代國昭成帝的金陵在內蒙古自治區呼和浩特市托克托縣。

　　漠北民族有潛葬之俗，其陵地多不可考。

　　石勒墓在山西省晉中市榆社縣城北 12 公里趙王村東北土崗上，封土高約 10.8 公尺，佔地 264.4 平方公尺。〔註 2〕

　　石勒墓：山西省晉城市陵川縣城關崇安寺左側。〔註 3〕又洪武《遼州志》：「石勒墓，在（榆社）縣北二十五里越王村。山俯其右，水流其左，舊有祠，去墓南半里有古廟，金明昌二年重建，無碑碣，土人傳之甚祥。」（《永樂大典》卷五二四五引）。

　　五胡十六國的陵寢，《古今圖書集成》隻字未載。清・朱孔陽輯《歷代陵寢備考》間有所載。明・王在晉《歷代山陵考》、民國・臧勵龢編《中國古今地名大辭典》僅載石勒墓，而石勒墓綜上各書及 1999 修《陵川縣志》之記載又有四處。據《歷代山陵考》：「石勒墓：榆社縣北三十五里趙王封舊，有桐，在墓南半里。又澤州陵川縣西北亦有道冢，上有塔。」又：「石勒墓：邢台縣

〔註 1〕1989 年修《白水縣志》，西安地圖出版社，頁 585。
〔註 2〕胡德榮主編：《榆社縣志》，太原：山西古籍出版社，1999 年，頁 540。
〔註 3〕1999 年修《陵川縣志》，北京：人民日報出版社，頁 514；又洪武《遼州志》：「石勒墓，在（榆社）縣北二十五里趙村。山俯其右，水流其左，舊有祠，去墓南半里有古廟，金明昌二年重建，無碑碣，土人傳之甚詳。（《永樂大典》卷五二四五引）。

西十五里號高平陵。」，真假難辨。

石勒墓到底在哪？李中笑在《山西日報》載〈千載悠悠石勒墓〉一文說：「今傳石勒墓有四，即河北邢台，山西榆社、陵川、武鄉，其中榆社石勒墓保存最為完好。」就是說真正的石勒墓是在榆社；後來《山西日報》載《石勒是武鄉人》又反駁了《千》文的說法，言下之意石勒墓不在榆社而在武鄉。據《晉書》載：「（石勒死後）夜厝山谷，莫知其新，備文物虛葬，號高平陵。」從《陵川縣志》和民間傳說及崇安寺碑文所記，石勒墓應在陵川崇安寺。

1999 年修《陵川縣志》曰：「南北朝時，石勒建都於邯鄲，史稱後趙，陵川屬後趙管轄。石勒死後，建有多處疑冢，縣城西北隅山臥龍崗上，即有石勒冢一處。後又在此興建寺院，即現在的崇安寺。」「先有崇安，後有陵川」在陵川縣流傳甚廣。崇安寺雄踞於陵川縣城西北隅的臥龍崗上，其建造恢弘，居高臨下，大有虎踞龍盤，俯瞰全城之勢。《縣志》大事記載：「後趙石勒侄石虎繼位（335～348）期間，修建崇安寺（1983 年維修古陵樓時，發現一琉璃脊筒內寫有【剎為石虎所建】的題記。）」應該說崇安寺創建於公元 335～348 年期間。又有說，創建崇安寺的第一僧人是智遠和尚。智遠和尚未出家前，是石勒的一位親信。他對石勒的信佛特別崇拜，更信奉他的放下屠刀，立地成佛的頓悟境界。石虎命他看守臥龍崗的石勒墓，於是他就削髮為僧，修建了一座寺院，聚眾講經。他創建了八個字：「智、慧、清、淨、道、德、圓、明」。並把這八個字作為寺院的傳代法譜，他自己為第一代。從智字開始，希望能傳之久遠，因此取名智遠。講完之後，坐化圓寂。到南北朝時，佛教更加盛行，該寺院規模日大。據《陵川縣志》記：「隋開皇十六年（596）始置陵川縣。」

崇安寺以前稱凌煙寺，因石勒曾做過後趙皇帝，當名垂青史，有名上凌煙閣之說，含意為凌煙閣上青史留名。雖沒有直接寫石勒其名，因是夜葬山谷，便無人知曉，有凌煙寺就讓人想起一位羯族皇帝石勒。也如唐代女皇武則天的無字碑含義一樣。唐初改名為「丈八佛寺」。宋太平興國元年（976）改名為「崇安寺」。文革時曾用「東方紅」。改革開放後仍沿用崇安寺至今。據考證在東晉十六國時期，曾經輔助後趙皇帝石勒爭霸天下的西域名僧圖澄，就勸其弘揚佛法，修建寺院。石勒死後，石虎繼位，他便在此修建崇安寺。崇安寺在陵川被推為十大寺院之首。它從創建以來，歷經重修擴建，鼎盛時大小院落共達十三院之多，但時至今日，僅剩有寺院的幾個主要院落。

其主體結構：中軸前為山門「古陵樓」，中有當央殿，次有大雄寶殿，最後有石佛殿。除廊房排列外，鐘、鼓二樓和藏經樓，東西對峙。整個寺院寬闊宏敞，殿宇壯美，結構整肅，規模頗為壯觀。寺前廣場欄杆東西兩組琉璃九龍壁上，九條叱吒風雲的金龍張牙舞爪，神態各異，佛教稱天龍護法。廣場第一台階前兩公尺高的石獅威武端坐，更增添了崇安寺的威嚴。因縣城位於石勒墓之前的一塊平川，所以稱陵川縣。崇安寺最壯美的建築首推「古陵樓」。它位於中軸線前，係明代建築。面寬五間，進深六架椽，平面形制為長方形，屋頂為重檐歇山式。房坡為灰色筒，板瓦鋪製，琉璃剪邊。相傳因後趙皇帝石勒的陵墓在此而得名。〔註4〕

《元和郡縣圖志》，卷十五：「石季龍墓在（滏陽）縣西南十四里。」〔敏聰釋今地〕即今河北省邯鄲市磁縣、臨漳縣交界之地。

《歷代陵寢備考》，卷二十：「前燕慕容皝、慕容儁葬遼寧省龍山」。

前秦苻堅墓，位於陝西省咸陽市彬縣水口鎮九田村，即在彬縣城西南 15 公里，位居南塬海拔高達 1385 公尺的水口鎮西邊的一處低窪的土壕內。墓的方位座南向北，塋域佔地面積約 140 平方公尺，因為地面上所存的封土堆，一頭高為 3 公尺，東西長 7 公尺，另一頭高約 2 公尺，東西只 3 公尺，墓的南北寬度為 21 公尺，故成一橫寬縱狹的平面，形狀像一個角椎體，當地群眾稱它為「長角冢」。這冢名稱的由來，還有另一說法，氐族苻氏原係世居略陽臨渭（今甘肅天水市秦安縣東南）的一支遊牧部落，本姓蒲，世為西戎酋長，長角即取義於畜牧牛、羊的意思。今墓前猶存墓碑一通，上刻：「前秦國王苻堅之墓」。

公元 385 年苻堅被姚萇所擒，後縊死於新平（今彬縣）大佛寺南不遠處。

今苻堅墓北三里處，有寺名清光寺，舊名清泰寺，相傳即姚萇縊苻堅處。〔註5〕

2000 年修《高陵縣志》西安出版社、《關中勝蹟圖志》載後秦武昭帝姚萇原陵位在今陝西省西安市高陵區通遠鎮西北石里灰堆坡村。

《歷代陵寢備考》，卷二十一，載：「後秦文桓帝姚興偶陵位在今陝西省西安市高陵區藥惠鄉麥張村」。

〔註4〕 李中笑：〈陵川崇安寺與石勒墓〉，《陵川佛教網》，2007 年 4 月 23 日。
〔註5〕 陝西省文物管理委員會：《陝西名勝古蹟》，西安：陝西人民出版社，1986 年。頁 154～155。

《歷代陵寢備考》，卷二十一，載：「後涼靈帝呂纂白石陵位在今甘肅省武威市東苑內沙坑中。」

《歷代陵寢備考》，卷二十一，載：後燕昭文帝慕容熙徽平陵位在今遼寧省朝陽市北。同上書同卷載後燕的追封帝——惠懿帝慕容雲葬於韭町，今地不可考。

《歷代陵寢備考》，卷二十一，載西秦武元王乞伏乾歸枹罕陵位在今甘肅省臨夏回族自治州臨夏市東北。

《歷代陵寢備考》，卷二十一，載南涼康王禿髮利鹿孤西平陵位於今青海省西寧市東南。

夏國武烈帝赫連勃勃嘉平陵位於今陝西省延安市延川縣城南 30 公里稍道河鄉古里村東 1.5 公里。原有 7 冢，現僅存 2 冢。冢底面呈圓形，高約 10 公尺，周長 60 公尺，地處白浮屠寺的最高處。《延川縣志》稱赫連勃勃墓為「雙峰橫黛」，列為延川八景之一。〔註 6〕

另青海西寧東關外，有南涼王禿髮烏孤墓。〔註 7〕

圖 版

陵川崇安寺

1999 年修《陵川縣志》：石勒墓在山西省陵川縣城關崇安寺左側。

〔註 6〕2000 年修《延安地區志》，西安出版社，第 22 編、文化文物志，頁 957。

〔註 7〕郭嗣汾著：《細說錦繡中華》，台北：地球出版社，第三十七章，青海省，1975 年，頁 1407。

前秦天王苻堅墓（一）　　　　　前秦天王苻堅墓（二）

第十三章 南北朝的陵寢

第一節 南朝陵寢

一、宋朝陵寢

帝 系	姓 名	陵 名	陵 地
先 世			
孝帝	劉翹	興寧陵	江蘇省鎮江市丹陽市東鄉諫壁里雩山。〔註1〕
本 朝			
武帝	劉裕	初寧陵	江蘇省南京市江寧區麒麟門麒麟舖初寧路？
營陽王	劉義符		今地不可考。
文帝	劉義隆	長寧陵	（一）江蘇省南京市甘家巷南獅子衝？
			（二）江蘇省南京市馬群到麒麟門一帶？
孝武帝	劉駿	景寧陵	江蘇省南京市江寧區西善橋宮山大墓？
前廢帝	劉子業		江蘇省南京市雨花台區？
明帝	劉彧	高寧陵	江蘇省南京市江寧區幕府山西郭家山一帶。
後廢帝	劉昱		江蘇省南京市雨花台區？
順帝	劉準	遂寧陵	江蘇省南京市雨花台區？

〔註1〕1964 年在諫壁鎮月湖街發掘的大墓，可能即此陵。

二、南齊陵寢

帝　系	姓　名	陵　名	陵　　地
先　世			
宣帝	蕭承之	永安陵	江蘇省鎮江市丹陽市胡橋鎮獅子灣？
本　朝			
高帝	蕭道成	泰安陵	江蘇省鎮江市丹陽市胡橋鎮仙塘灣？
武帝	蕭賾	景安陵	江蘇省鎮江市丹陽市雲陽鎮田家村？
前廢帝	蕭昭業		江蘇省鎮江市丹陽市後巷鎮（原建山鄉）爛石壙？
後廢帝	蕭昭文		江蘇省鎮江市丹陽市埤城鎮水經山？
明帝	蕭鸞	興安陵	江蘇省鎮江市丹陽市雲陽鎮（原荊林鄉）三城巷？
東昏侯	蕭寶卷		江蘇省鎮江市丹陽市東北經山金家村？
和帝	蕭寶融	恭安陵	江蘇省南京市城北黃山？
嗣皇帝追尊其先世			
景帝	蕭道生	修安陵	江蘇省鎮江市丹陽市胡橋鎮仙塘灣？〔註2〕

三、梁朝陵寢

帝系	姓名	陵名	陵　　地
先　世			
文帝	蕭順之	建陵	江蘇省鎮江市丹陽市雲陽鎮（原荊林鄉）三城巷。
本　朝			
武帝	蕭衍	修陵	江蘇省鎮江市丹陽市雲陽鎮（原荊林鄉）三城巷？
簡文帝	蕭綱	莊陵	江蘇省鎮江市丹陽市雲陽鎮（原荊林鄉）三城巷？
元帝	蕭繹		湖北省荊州市江陵縣半陽門外。
敬帝	蕭方智		（一）江蘇省丹陽市雲陽鎮（原荊林鄉）三城巷，梁文帝建陵南60公尺？
			（二）江蘇省江陰市西石橋鎮東北蒼墩村？

〔註2〕齊景帝蕭道生，乃蕭承之的次子，齊高帝蕭道成之兄，齊明帝蕭鸞之父，公元479年，蕭道成稱帝時已去世，494年蕭鸞即位後追諡為帝。

四、後梁（西梁）陵寢

帝 系	姓 名	陵 名	陵 地
宣帝	蕭詧	平陵	湖北省荊州市江陵縣紀山。
明帝	蕭巋	顯陵	湖北省荊州市江陵縣紀山。
後主	蕭琮		今地不可考。

五、陳朝陵寢

帝 系	姓 名	陵 名	陵 地
			先 世
孝帝	陳道巨	壽陵	浙江省湖州市長興縣東陽烏山。〔註3〕
景帝	陳文纘	瑞陵	浙江省湖州市長興縣西北5里。〔註4〕
			本 朝
武帝	陳霸先	萬安陵	江蘇省南京市江寧區上坊鎮西北石馬衝？
文帝	陳蒨	永寧陵	（一）江蘇省南京市棲霞區甘家巷獅子衝新合村北象山南麓？
			（二）江蘇省南京市棲霞區麒麟靈山大墓？
廢帝	陳柏琮		江蘇省南京市江寧區西善橋宮山大墓？
宣帝	陳頊	顯寧陵	江蘇省南京市江寧區西善橋油坊村罐子山墓？
後主	陳叔寶		河南省洛陽市邙山。
			嗣皇帝追尊其先世
始興郡王	陳道談	明陵	浙江省湖州市長興縣西北5里。〔註5〕

　　南朝陵寢除梁文帝建陵有神道柱上之正、反刻文字可以佐證，其餘各陵的墓主是誰，均存疑？本文所述之南朝陵寢（文字、圖片）均以文保碑為準。

　　南朝神道石刻是以石獸、石柱、石碑三種為限，其數目為成對列置，除少數外，帝陵、王侯墓均是各置1對。而其間的差別主要通過不同的石獸類別來表現：帝陵用獨角獸、雙角獸各1件，王侯墓用無角獸1對。南朝王侯墓石刻是模仿帝陵設置的〔註6〕。

〔註3〕陳道巨為陳霸先的祖父，追贈南齊侍中太常卿。
〔註4〕陳文纘為陳霸先的父親，瑞陵為陳文纘與其妻董氏之墓。
〔註5〕陳道談為陳霸先之兄，陳文帝即位追尊其墓為明陵。
〔註6〕楊曉春：〈南朝陵墓神道石刻淵源研究〉，《考古》，2006年8期。

宋孝帝劉麹興寧陵《宋書》、《元和郡縣圖志》載:「永初元年六月丁卯追尊,葬丹徒縣東南三十五里東鄉諫壁里雩山(今丹陽市諫壁鎮月湖街),升平元年蕭皇后卒,與趙后等合葬」按:1964 年發掘大墓可能即此陵。

宋武帝劉裕初寧陵《宋書》、《建康實錄》載:「永初三年五月癸亥卒,七月己酉葬上元縣東北二十里蔣山東南,周圍三十五步,高一丈四尺。義熙四年正月甲午臧皇后卒,帝死合葬。」按《六朝事蹟編類》載:「北宋政和間有人於蔣廟側得一石柱題:『初寧陵西北隅』。」宋武帝劉裕初寧陵,在南京東郊麒麟門江寧縣的麒麟鋪村。

劉裕,字德輿,小名寄奴,原籍彭城綏輿里人,出身於破落世族。東晉初年,劉裕家從彭城(徐州)避難遷居京口(今鎮江)。永初元年(420),奪取東晉司馬德文帝位,在位三年。永初三年五月死,時年 60 歲。七月,葬丹陽郡建康縣蔣山(今南京鍾山)初寧陵。

劉裕陵前現存石獸二,東天祿,西麒麟,1956 年 9 月曾加整修。天祿原來倒在水塘邊,胸、腹部剝蝕嚴重,缺四肢,股殘尾斷。麒麟原立於民房牆角,頂顎殘缺,腰四肢均有裂紋,部分陷在土中。整修時,將天祿向左前遷 23.4 公尺,因其四肢均殘,添做四個石墩,將天祿放置在上面。整修後的天祿高 3 公尺(連石墩子),身長 3 公尺,寬 1.2 公尺,西邊的麒麟向西動 2.63 公尺,再向後移 2.23 公尺。因它的體型太大(重約 12.5 噸),僅一條腿完整,三條腿斷裂。〔註 7〕

宋武帝胡婕妤熙寧陵,《南史》載:「(胡婕妤)文帝之母,即位,追尊章皇太后,葬丹徒。」

宋文帝劉義隆長寧陵,《南史》、《建康實錄》載:「元嘉三十年二月甲子卒,三月癸巳葬上元縣東北二十里,周圍三十五步,高一丈八尺。元嘉十七年七月壬子元皇后卒,九月壬子葬,帝死合葬。」

宋文帝昭路皇后修寧陵(一作攸寧陵),《宋書》、《歷代陵寢備考》載:「泰始二年五月甲寅,葬丹陽秣陵縣岩山景寧陵東南。」

宋文帝明宣沈皇后崇寧陵,《南史》載:「元嘉三十年卒,葬建康縣幕府山。」

〔註 7〕1998 年修《江蘇省志・文物志》,南京:江蘇古籍出版社,1998 年,頁 103~104。

一、陵口石刻

　　陵口石刻為 1 對石獸，雄踞陵口鎮東 500 公尺蕭梁河東西兩岸。東為天祿，雙角，身長 4 公尺，殘高 3.6 公尺，頸高 2 公尺，體圍 3.9 公尺；西為麒麟，獨角，身長 3.95 公尺，殘高 2.9，頸高 1.7 公尺，體圍 3.6 公尺。均為公獸。石獸精雕細刻，紋飾華美，是現存南朝石刻中最大的 1 對。

　　蕭梁河原名蕭港，齊梁陵墓多在此河道兩岸。齊梁時，王子公卿謁陵，自都城建康秦淮河沿破崗瀆東下，過二十四埭，入南蘭陵蕭港至各陵，石獸守護在蕭港入口處，成為陵墓區入口的標記。1956 年因京杭運河拓寬，南臨運河的麒麟，沿蕭梁河岸平行北移 450 公尺，安放在混泥土基座上。1977 年疏濬蕭梁河時，麒麟又西遷 70 公尺。〔註 8〕

二、齊宣帝蕭承之永安陵石刻

　　座落在胡橋鄉獅子灣。蕭承之卒於劉宋元嘉二十四年（447 年）。南齊建元元年（479 年），齊高帝蕭道成即位，追尊其父蕭承之為宣皇帝，母為孝皇后，合葬陵寢名永安陵。陵南向，現已平。陵前現存石獸 1 對，東為母天祿，西為麒麟。母天祿昂首挺胸，形象威武，身長 2.95 公尺，高 2.75 公尺，頸高 1.4 公尺，體圍 2.75 公尺；雙角今已殘斷，顎下垂鬚捲曲於胸際；有翼，翼面作捲雲紋，中有細鱗；後有長翅，足 4 爪，右前足爪下攫 1 小獸。麒麟頭已失，餘部尚完好。身長 2.9 公尺，殘高 2.42 公尺，頸高 1.38 公尺，體圍 2.4 公尺。天祿於 1979 年 8 月向南平行移動 1 公尺，安放在混凝土基座上。

　　永安陵石獸西邊的趙家灣，舊有齊高帝蕭道成泰安陵，現已平。陵前原有 2 石獸殘軀，相距 18.5 公尺，毀於 1968 年。

三、齊武帝蕭賾景安陵石刻

　　座落在前艾鄉田家自然村附近。蕭賾卒於南齊永明十一年（493 年）七月，諡武皇帝，九月丙寅葬於景安陵。陵現已平。陵前現存石獸 1 對，東為天祿，西為麒麟，均為公獸。天祿身長 3.15 公尺，高 2.8 公尺，頸高 1.55 公尺，體圍 3 公尺。因其體長，高頸斜出，雙目平視，顯得俊逸秀美。麒麟身長 2.7 公尺，殘高 2.2 公尺，頸高 1.4 公尺，體圍 2.51 公尺。四足已失。因風化剝蝕，

〔註 8〕1992 年修《丹陽縣志》，南京：江蘇人民出版社，頁 805。

雕飾模糊，但形態矯健。1956 年，兩獸均保持原方向後移 1.5 公尺，安放在混凝土基座上。〔註9〕

四、齊景帝蕭道生修安陵

位於丹陽市東北 17 公里胡橋鄉仙塘灣附近鶴仙坳崗中部，蕭道生是南齊高帝蕭道成的次兄，明帝蕭鸞的父親，卒於劉宋時，生年不詳。齊明帝建武元年（494）追尊為景帝，與皇后江氏合葬於此。陵墓方向南偏東 23 度。陵前 510 公尺為墓道，入口處僅存一對石獸，保存較完整，東為天祿，西為麒麟。天祿身長 3 公尺，高 2.75 公尺，頸高 1.38 公尺，體圍 2.4 公尺，獨角，角上滿綴麟紋，兩獸均胸突腰聳，嗔目張口，形象生動。天祿右足在前，頭略右向，麒麟右足在前，頭略右向，足趾四爪，攫一小獸，兩獸長尾曳地，天祿尾回折向左，麒麟尾則回折向右，動態協調對稱。兩獸的雙翼除雕有捲雲紋、細鱗和長翎外，鱗上均綴小花一朵，形式略有變化，頜上長鬚成蔓草狀。1965 年南京博物院對修安陵進行了發掘，墓室全用花紋磚砌成三順一丁式，早年被盜，破壞嚴重，遺物殘存僅有陶、瓷、石、鐵等物，均不完整。然墓壁上較完整存在的磚刻壁畫有：「羽人戲虎」、「竹林七賢」即儀仗出行等，是反映當時繪畫藝術、宗教思想、宮廷制度、服飾配帶等的重要實物資料，因此墓是發掘南朝齊代帝陵的首舉，對研究當時的葬制、營葬方法和墓室結構等有重要的參考價值。〔註10〕

五、金王陳南朝佚名陵石刻、水經山佚名墓石刻

座落在建山鄉金家、王家、陳家附近，陵南向。1968 年發掘。墓室內有「羽人戲龍」、「羽人戲虎」、「竹林七賢」等磚刻壁畫。陵前 800 公尺處有石獸 1 對，東為天祿，西為麒麟，均為公獸。天祿身長 2.38 公尺，高 2.25 公尺，頸高 1.2 公尺，體圍 2 公尺；頭部已殘，失去 3 足，身上雕飾已漫漶不清。麒麟身長 2.13 公尺，高 1.9 公尺，頸高 1.05 公尺，體圍 1.65 公尺；吻部及足已失。兩獸相距 23 公尺，均昂首挺胸，張口伸舌，非常生動。1977 年 4 月提升入座。此陵有齊廢帝東昏侯蕭寶卷之說。〔註11〕

〔註9〕1992 年修《丹陽縣志》，南京：江蘇人民出版社，頁 804。
〔註10〕1998 年修《江蘇省志・文物志》，南京：江蘇古籍出版社，1998 年，頁 106。
〔註11〕1992 年修《丹陽縣志》，頁 805。

水經山南朝佚名墓石刻座落在丹陽埤城鎮水經山村東南數十公尺處，墓已平。墓前存 2 尊石辟邪，南北向。此陵有齊後廢帝蕭昭文墓之說。

六、齊明帝蕭鸞興安陵石刻

座落在荊林鄉三城巷東北 500 公尺處，北距梁文帝建陵石刻約 60 公尺。南齊建武元年（494 年），蕭鸞繼廢帝海陵王為帝，永泰元年（498 年）卒，諡明帝，葬興安陵。現陵已平。陵前現存石獸 1 對，兩獸間隔一小溝。北獸僅殘存部分前軀。南獸為公麒麟，4 足全失，獨角已殘，身長 3.02 公尺，殘高 2.7 公尺，頸高 1.35 公尺，體圍 2.78 公尺；獸身雄健，頸項短肥，頭上昂，4 小翼組成 1 大翼，形狀別緻，裝飾味濃厚。1957 年南獸麒麟扶正入座。1985 年 1 月，北獸殘軀向東北方向平行移動 12.5 公尺，加固入座。〔註 12〕

丹陽齊、梁帝陵石刻分佈示意圖

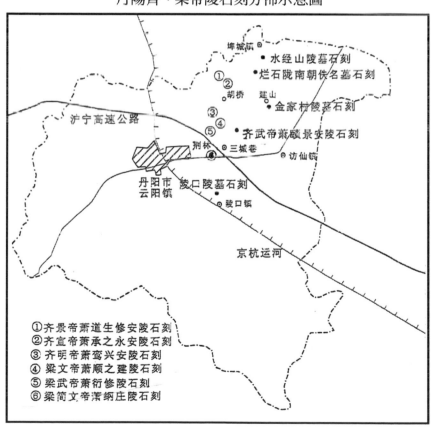

①齐景帝萧道生修安陵石刻
②齐宣帝萧承之永安陵石刻
③齐明帝萧鸾兴安陵石刻
④梁文帝萧顺之建陵石刻
⑤梁武帝萧衍修陵石刻
⑥梁简文帝萧纲庄陵石刻

〔註 12〕1992 年修《丹陽縣志》，頁 805。

七、梁文帝蕭順之建陵

位於丹陽市荆林鄉三城巷之東北。處於齊明帝蕭鸞興安陵與梁武帝修陵之間。

蕭順之，係齊高帝蕭道成之族弟，未即帝位。天監元年（520）閏四月被追尊為文皇帝，廟號為太祖，陵曰建陵。陵東向，已平。陵前存石刻有石獸、方形石礎、神道柱、石龜趺各一對。

石獸，南為麒麟，北為天祿。麒麟獨角已殘，四足缺失。身長 3.05 公尺，殘高 2 公尺，頸高 1.25 公尺，體圍 2.7 公尺，天祿雙角四足已失，身長 3.1 公尺，殘高 2.3 公尺，頸高 1.5 公尺，體圍 2.76 公尺。兩獸均昂首突胸。麒麟上顎已殘，頷下長鬚蔓捲，垂至胸際，兩翼微向上，翼面雕飾與他墓者大體相類，唯翼的細鱗中飾有五瓣小花，獸之背脊作貫通首尾連珠狀紋飾。方形柱礎石二，位於石獸與神道柱之間，邊緣有榫眼，礎上結構已失。神道柱一，柱表作瓦楞紋，南柱尚存，然自上而下已裂為二，北柱已傾圮，柱上的石額原存在市文化館，一為正書順讀，一為反書逆讀，其文曰：「太祖文皇帝之神道」，均為隸書。柱礎上圓下方為一對環狀的螭龍，口內銜珠，頭有雙角，四足修尾，石龜趺二，其中一龜趺已失頭部，而碑已無存。

1989～1990 年夏，由中國國家文物局撥款，在專家、學者指導下，修復了西石柱及龜趺首，提高了基礎，作了防水設施等。

八、梁武帝蕭衍修陵

位於丹陽市荆林鄉三城巷劉家莊附近，南距梁文帝建陵約 360 公尺。

蕭衍是梁代的開國之君，曾任齊之雍州刺史，於齊內亂之時奪取帝位（502），改元天監，太清三年（549）為侯景幽死，後追贈為武皇帝，廟號高祖，葬修陵。

陵墓東向，前石獸僅存一隻天祿，位於神道北側，南向，身長 3.1 公尺，高 2.8 公尺，頸高 1.5 公尺，體圍 2.35 公尺，成昂首挺胸狀，欲進不前，雄武有神韻。雙角順顧頂後貼，中部起節，頷下有長鬚捲曲，垂於胸際，並有雙翼，翼面雕飾，前為螺紋，後為翎羽，琢刻極為洗練，通體氄氄如蔓，長尾垂地，足五爪，右前足爪下擭一小獸。

此石獸原已陷入田中，1957 年就地重做混凝土基礎，安放於基座上。

九、梁簡文帝蕭綱莊陵

位於丹陽市荆林鄉三城鄉劉家莊附近，其南 60 公尺處為梁武帝蕭衍修陵。

蕭綱係梁武帝之子，太清三年（549）五月梁武帝卒，蕭綱即位，於大寶二年為侯景所害。次年，元帝蕭繹尊為簡文帝，廟號太宗，葬於莊陵。

陵向東，已平。陵前有蕭港，可通陵口鎮運河。陵前神道存石獸天祿一，北向，僅存前軀及左前足，身高 3.16 公尺，左前足五爪上張，足之卜連接石板殘部，厚 0.26 公尺，有雙翼，伸頸昂首，翼膊上方有兩片羽翅向前翹起。有別於其他齊梁石獸。口角邊有茸毛，垂胸長鬚及翼部紋飾羽齊明帝蕭鸞興安陵前石獸相似，頗富裝飾意味。

十、陳文帝生父，始興王道談，葬明陵

在浙江長興縣西北，按《通志·地理略》：「明陵在縣西北五里，始興昭烈王道談墓，陳高祖之先，文帝之父也，文帝嗣位，尊為明陵。」

十一、陳武帝陳霸先萬安陵

在江寧縣上坊鎮西北石馬衝。

陳霸先，字興國，吳興人，梁時，官至交州刺史，佐王僧辯討平叛將侯景，鎮京口（今鎮江），王僧辯行廢立，霸先殺之，迎梁敬帝蕭方智復位，進相國，為陳王。不久，奪取梁政權，稱帝。在位三年，永定三年（559）六月崩，八月葬萬安陵。諡「武帝」，廟號「高祖」。

陵前現存石獸二。北石獸較完整，長 2.6 公尺，高 2.57 公尺；南石獸長 2.72 公尺，高 2.28 公尺，從頸部斷裂，胸部碎裂，殘缺較嚴重。據當地群眾反映，這是日本侵略軍打靶射擊所致，二石獸雙翼無角，額鬚拂胸，體形較大，極富生意。據《建康實錄》載：「太建九年（577）七月，大風雨震萬安陵華表」，可知石獸之後原有華表（按即石柱）。

1963 年，將二石獸從土中挖出，在原位置加固其座，將石獸升高至地表，並加以修復。二石獸均有翼無角，張口垂舌，額鬚拂胸際，雕刻簡煉，自具風格。

十二、陳文帝陳蒨永寧陵

在南京東北部甘家巷東南，北象山下獅子衝。

陳蒨，字子華，始興昭烈王陳道琰長子，陳武帝陳霸先之侄。永定三年（559）六月，繼陳武帝為帝，在位 8 年。天康元年（566）夏四月崩，六月葬於永寧陵。諡「文皇帝」，廟號「世祖」。

陵前現遺存天祿，麒麟各一。相距 26 公尺。1977 年 12 月，將石獸從土中清理出來，升高加座，並將石獸破裂處加以修復。

東邊的天祿，雙角，頸及腰部斷裂，原埋土中，整修時，已將破裂處修復。西邊的麒麟比較完整，獨角雙翼。西石獸長 3.1 公尺，胸寬 1.45 公尺，高 2.85 公尺。兩石獸昂首邁步，舌尖上翹，頰鬚下垂，耳如削竹，翼膊刻鱗紋襯以鳥翅紋，遍身捲毛隱起，獸身平整，魁武雄壯，姿態傳神，是南京現存南朝陵墓石獸中最為健美動人的一組。〔註13〕

此陵墓石刻從 1935 年調查發現至 1982 年複查，另有一說為梁昭明太子蕭統墓，號墓為陵；另也有宋文帝長寧陵一說，確證是何人之陵，待考？

羅宗真先生認為 1973 年發掘的棲霞麒麟靈山大墓才是真正的永寧陵。

十三、陳宣帝顯寧陵

陳宣帝顯寧陵：沿牛首山西麓向北進發，循路至下沙窪，二山對立，中闢為谷形，勢甚好，路旁有井欄一，驗之非近世物。此地疑即陳宣帝顯寧陵也。然陵久廢，又無文字印證，羅香林先生於抗戰前考查，但未能確論。但此地終被考古的發掘初步斷定為陳宣帝顯寧陵，按在南京西善橋油坊村的顯寧陵，墓座落罐子山北麓，東南對著牛首山，西為馬鞍山，北為蘿蔔山，在北可望到長江。墓室高大豪華，但以往曾遭盜賊，遺物不多。

十四、其中改變前人說法的主要有以下幾點

一、原來被認為是齊明帝興安陵的丹陽三城巷（1）的石獸改為梁最後的皇帝——敬帝之物，而興安陵石獸為丹陽金家村墓前之物；

二、有宋文帝長寧陵說的南京獅子衝的石獸為陳文帝永寧陵之物；

三、曾被認為是齊宣帝永安陵的丹陽獅子灣的石獸應為齊高帝泰安陵之物，而趙家灣的石獸應該為齊宣帝永安陵之物；

四、至今為止年代不明的丹陽陵口的石獸推定為梁末簡文帝死後所作；

〔註13〕 1998 年修《江蘇省志·文物志》，南京：江蘇古籍出版社，1998 年，頁 118～119。

五、被認為是陳武帝萬安陵的江寧石馬衝的石獸應是齊或梁初的王墓等。

以上的考訂更正,是通過上文詳細的考證過程漸漸明晰的,同時還與地理位置有著密切的關係。

從整體上來說,南齊和梁的帝陵區在丹陽,劉宋和陳的帝陵區在南京郊外,如果再仔細區分,齊的帝陵建在丹陽東北的經山周圍,梁的帝陵區則在丹陽東的荊林三城巷。所以丹陽三城巷的四座南北向並列的帝陵石獸全為梁代之物,最南邊的三城巷的石獸位於南朝帝陵中惟一比定明確的梁文帝的建陵南,並緊靠建陵,也應是梁代帝陵。而且,南朝帝陵的排列規則是以右為上,丹陽三城巷的南北並列的東向墓——梁文帝建陵、武帝修陵、簡文帝莊陵為典型之例。據此,丹陽趙家灣和獅子灣的石獸皆朝南東西向排列,右(西)為父親宣帝蕭承之的永安陵、左(東)為兒子高帝蕭道成的泰安陵的比定也合乎情理。〔註14〕

十五、南朝陳後主墓

《南史》:後主以隋仁壽四年十一月壬子,終於洛陽,贈大將軍,封長城縣公,謚曰煬,葬河南洛陽之邙山。

第二節　北朝陵寢

一、拓跋魏陵寢

(一)北魏			
帝　系	姓　名	陵　名	陵　地
道武帝	拓跋珪	金陵	(一)內蒙古自治區呼和浩特市和林格爾縣古盛樂城西北 10 公里土城子?
			(二)山西省朔州市懷仁縣?
			(三)山西省朔州市右玉縣?
			(四)山西省忻州市定襄縣北?
			(五)山西省大同市?
明元帝	拓跋嗣	金陵	同上。

〔註14〕〔日〕曾布川寬著、傅江譯:《六朝帝陵》,南京出版社,2004 年,頁 139～140。

太武帝	拓拔燾	金陵	同上。
文成帝	拓跋濬	金陵	同上。
獻文帝	拓跋弘	金陵	同上。
孝文帝	元宏	長陵	河南省洛陽市瀍水西朝陽鎮官莊村東地北邙山。
宣武帝	元恪	景陵	河南省洛陽市北邙山冢頭村。
孝明帝	元詡	定陵	河南省登封市嵩山。
孝莊帝	元子攸	靜陵	河南省洛陽市北邙山。
節閔帝	元恭		河南省洛陽市衡山路？
（二）西魏			
孝武帝	元修	雲陵	（一）陝西省渭南市富平縣東 30 里？
			（二）陝西省渭南市東南 30 里田村？
文帝	元寶炬	永陵	陝西省渭南市富平縣留古鎮大眾村（大冢村）。
廢帝	元欽	永陵	陝西省渭南市富平縣。
恭帝	元廓		今地不可考。
（三）東魏			
孝靜帝	元善見	西陵	河北省邯鄲市磁縣西南講武城鎮前港村東南。（天子冢）

二、北齊陵寢

帝　系	姓　名	陵　名	陵　　地
先　世			
神武帝	高歡	義平陵	河北省邯鄲市磁縣講武城鎮大冢營村西。
本　朝			
文宣帝	高洋	武寧陵	（一）河北省邯鄲市磁縣城關鎮後灣漳村東南。
			（二）河北省邯鄲市武安市北響堂山？
濟南王	高殷		河北省邯鄲市武安市北響山，在武寧陵西北？
孝昭帝	高演	文靜陵	河北省邯鄲市磁縣。
武成帝	高湛	永平陵	今地不可考。
後主	高緯		陝西省西安北原洪瀆川。

三、北周陵寢

帝　系	姓　名	陵　名	陵　　　　地
先　世			
文帝	宇文泰	成陵	陝西省渭南市富平縣宮裡小學校院內。
本　朝			
孝閔帝	宇文覺	靜陵	陝西省咸陽市渭城區底張鎮陳馬村東南。
明帝	宇文毓	昭陵	陝西省咸陽市渭城區底張鎮陳馬村東南。
武帝	宇文邕	孝陵	陝西省咸陽市渭城區底張鎮陳馬村東南。
宣帝	宇文贇	定陵	陝西省咸陽市渭城區底張鎮陳馬村東南。
靜帝	宇文闡（衍）	恭陵	陝西省咸陽市渭城區底張鎮陳馬村東南。

四、北朝陵寢

（一）北魏陵寢

關於南北朝的陵寢，史載不多，遺物亦少，對其制度與式樣等，欲考查一般的通性，頗感困難，南朝陵寢知之有限，北朝方面亦然，有聞北魏陵寢在今山西大同城，即當時魏都平城之東北郊，其真偽不詳。另在和林格爾縣亦有盛樂金陵，《魏書》載：後魏永興二年，葬道武於盛樂金陵，其後明元、太武、文成、獻文四帝皆葬於此。魏陵似應在盛樂與平城都有才是。另呼和浩特城南三十里處的昭君墓，有人認為可能就是北魏帝陵之一。

金陵是北魏孝文帝遷都洛陽前幾任皇帝的皇陵，因陵墓都建造在山上，故又稱山陵。但不知出於何種原因，當時的人們對於金陵似乎諱莫如深，以至於史籍中沒有留下任何關於金陵確切位置和陵制的記載。「北魏金陵」成了一個難解的歷史之謎。

採訪中記者了解道，由於有關金陵的史料主要來自《魏書》，而《魏書》中對金陵的提法又有三種：一是稱雲中金陵，二是稱盛樂金陵，三是單稱金陵。也因為有這三種提法，學術界便又有了金陵究竟是一處還是三處的爭論。

有人認為，金陵名稱雖不同，但金陵只有一處，即在北魏故都盛樂（今內蒙古和林格爾上土城）附近。理由為北魏遷都平城後，至明元帝時原盛樂置雲中郡，故盛樂就由「定襄盛樂」改稱為「雲中盛樂」，因之，位於盛樂附近的金陵也就由原來的「盛樂金陵」改稱「雲中金陵」，且「盛樂金陵」、「雲中金

陵」又都可簡稱為「金陵」。而堅持金陵有三處的人則認為，既然金陵名稱不同，就說明不在一個地方，其中，雲中金陵在北魏雲中舊宮，即今內蒙古托克托縣附近；盛樂金陵在北魏故都盛樂，即今內蒙古和林格爾西北上土城附近；金陵在北魏首都平城畿內，即今右玉縣。理由為《魏書》中除用雲中金陵、盛樂金陵、金陵區分三處皇陵外，在安葬的人物中也按三處金陵分類，這絕不是《魏書》作者的隨意，而正說明確實存在三處金陵。

可是，無論金陵是一處還是三處，都只是專家學者們通過歷史文獻中的記述而進行的推測，在大同及北魏故都盛樂（今內蒙古和林格爾上土城）周圍卻未能發現一處有價值的有關金陵的實體。

然而，上世紀 80 年代，原雁北幾位考古界人士在右玉縣考察時意外發現，在大南山等的山頂上有一些高大的類似於墓冢的土丘，一些山體的主峰有人工堆壘的痕跡，而且土丘周圍還發現了北魏時代的陶片及碎磚瓦片。後來，當時的雁北文物站站長張暢耕組織了一個調查組，在右玉進行了為期近半個月的實地調查，結果在大南山、小南山、馬頭山等的山頂上發現了二十多座高大的土冢。此次發現在學術界引起不小的轟動，北京大學的宿白教授為此還專程到右玉考察。但最後，此事因未能進行實地發掘而被擱置下來。

令人驚喜的是，2007 年，左雲三屯鄉文物調查組的成員在左雲的五路山上也發現了多座如右玉一樣人工堆壘的土冢。這些土冢高 15 公尺左右，底圍160 公尺左右。雖然這些土冢不能確定是否為金陵，但有關專家認為其不排除係北魏王族墓的可能，因為如此浩大的工程絕非平民百姓所能為之。而且據當地人講，傳說在台子梁大吐冢下埋著的就是皇帝的哥哥，也有人說埋的是王爺的弟弟。

2010 年 7 月，中國魏晉南北朝史學會有關專家對左雲五路山土冢群進行了實地考察，目前這些土冢的身世仍在論證中。但不管這些土冢究竟是金陵還是王陵，不可否認，它們都為考古研究提供了一份直觀的實物資料。考古工作者現在要做的應當是將它們保護起來，防止遭到破壞。〔註15〕

大同，方山巔有雙陵魏孝文帝嫡祖母馮太后與帝遊方山有終焉之意，乃營壽陵於叱，並建永固石室，稱為魏永固陵，及遷洛陽，自表瀍西以為山陵之所。方山虛宮乃號曰萬年堂云。

顧炎武《日知錄》：「魏孝文帝遷雒陽，自表瀍西以為山陵之所，瀍西者，

〔註15〕 王錦華：〈北魏金陵在何處？〉，2012 年 3 月 26 日網路。

洛陽也。」

《魏書‧高祖紀》：「太和五年（481 年）行幸方山。建永固石室於山上，立碑於石室之庭，皇太后終制於金冊，又起鑒玄殿。」（太后與高祖遊於方山，顧瞻川阜，有終焉之志。因謂羣臣「舜葬蒼梧，二妃不從。豈必遠祔山陵，然後為貴哉！吾百年之後，其安此。」高祖乃詔有司營建壽陵於方山，又起永固石室，將終神焉。太和五年起作，八年而成，刊立石碑，頌太后功德。）——《魏書》卷十三‧列傳第一‧〈文明皇太后〉

按大同城北二十五公里方山的南部，有二個長滿青草的大土丘，一南一北排列著，相距不到一公里，南部即文明太后陵，北則為魏孝文帝的壽陵「萬年堂」。永固陵建於太和五年，完成於太和八年，墓中石券門的門框、門拱上的石雕藝術，從題材和整個雕刻作風與雲崗石窟中部窟群（十一窟現存有太和七年石刻題記）的藝術風格極為近似，為研究北魏初期雕刻藝術的珍貴史料。

墓為磚墓室，為南北向（北魏早期墓均然），封土堆現高 22.87 公尺，呈圓形，基底為方形，南北長 117 公尺，東西寬 124 公尺，該墓為磚砌多室墓，建造於封土堆的中心，由墓道、前室、甬道、後室四部分組成，墓室南北總長 17.60 公尺。

在洛陽北邙山的北魏孝文帝長陵是北魏王朝遷都洛陽的第一代帝陵。在地面上保留有 一大一小 2 座封土，當地俗稱「大小冢」。1946 年 2 月，魏文昭皇太后山陵誌在小冢中被盜掘出土，洛陽金石學家郭玉堂先生聞訊後將誌石購回，並將出土情況詳細記錄在《洛陽出土石刻時地記》一書中。

（二）北魏孝文帝長陵

《魏書‧孝文帝紀》：太和二十三年四月崩，葬長陵。按《魏書‧后妃傳》：孝文遷洛，自表瀍西為陵園之所。孝文昭皇后高氏先葬城西長陵東南，號稱「終寧陵」，後遷靈櫬於長陵兆西北六十步。1946 年其墓誌出土於洛陽北官莊東小冢內，誌云「祔葬於高祖長陵之右」，其東南恰有一大冢，因此可知大冢為孝文帝長陵，小冢為文昭皇后高氏終寧陵。

長陵位於孟津縣朝陽鄉官莊村東約 0.8 公里，地處洛陽市北部的邙山之巔，瀍河的西岸，距瀍河河道直線距離約 1.8 公里。在邙山陵墓群的區域劃分上屬於西區（段）（北魏陵區），地理座標為東經 112°25.12'，北緯 34°45.96'。陵園坐落在一個大致東南—西北向的黃土山梁上，中部高隆，四周低矮。地勢

寬闊明亮，起伏平緩，海拔高度 270～277.5 公尺。小區域內地形完整，鮮見大型的黃土溝坎。洛陽─孟津公路穿過陵園東部。陵園的東北角、孟洛公路邊有官莊村的居民，另外還有一條東南—西北向黃土淺溝橫貫，溝內原有一條舊路，今已廢棄。通往官莊村的大道穿過陵園北部，大道的北側是朝陽鄉第二中學。其餘部分全為農田。今地面之上除 2 座高大的封土堆之外，無其他遺蹟。根據考古工作者 2002 年 11 月對邙山陵墓群的初步調查，長陵北部、西部古墓冢數量相對較少，墓冢主要集中在長陵南部和瀍河東岸。這一帶的古墓冢多為北魏時期，鮮見漢代墓冢。以往發現的北魏墓誌以及可能屬長陵陪葬墓的分佈規律與此略同。

長期以來，由於文獻和考古資料缺乏，考古工作者對於東漢至南北朝時期的陵墓制度缺少足夠了解，使中國古代帝陵制度的發展演變在這個階段存在嚴重的缺環。此次長陵陵園遺址的發現，不僅豐富了對北魏時期陵墓制度的認識，同時對於探索漢魏時期陵墓制度以及隋唐陵墓制度的形成都有一定的作用。

文獻記載，北魏王朝遷都洛陽後，共有 4 帝埋葬在邙山地區，他們的陵墓分別是孝文帝長陵、宣武帝景陵、孝明帝定陵、孝莊帝靜陵。上世紀 50～80年代的考古調查和研究工作，使得孝文帝長陵、宣武帝景陵的具體方位已經基本確定，孝明帝定陵、孝莊帝靜陵的地望獲得了重要線索，邙山北魏帝陵的佈局已經建立起了一個大致的框架。1991 年 6 月，中國社會科學院考古研究所洛陽漢魏對和洛陽古墓博物館對景陵進行了考古發掘，北魏帝陵的墓葬形制和埋葬制度得到充分的了解。此次長陵陵園遺址的發現，則是對北魏時期的帝陵陵園結構和建築形式有了新認識。

根據鑽探、調查和解剖的情況來看，長陵陵園平面近方形，東西長 443、南北寬 390 公尺，面積 17 萬餘平方公尺。陵園四周構築有夯土垣牆，垣牆外側挖建壕溝，垣牆的正中開設陵門。垣牆寬 2～3.8、保存厚度 0.1～1.6 公尺。其中西垣保存相對較好，垣壕與垣牆相距 0.5～3 公尺，斷面為梯形，寬 2～4、深 0.2～1.8 公尺。西面、北面壕溝保存相對完整，其他兩面破壞嚴重。門址發現 2 處，即西門和南門。其中南門保存相對較好，為 3 門道牌坊式。由於破壞嚴重，北面、東面沒有找到門址遺迹。

陵園內有 2 座陵寢，應屬異穴合葬。孝文帝陵（大冢）位於中軸線偏北部。夯築結構特殊，風土外側下疊壓 1 條環形夯土溝。墓道向南，為長斜坡

式。封土南側 21 公尺處有 2 個對稱的石墩，為石翁仲基座。再向南 46 公尺有 2 個對稱的長條形豎穴方坑。墓道、石墩、方坑在一條軸線上，此應為原神道位置。文昭皇后陵（小冢）位於孝文帝陵的西北約 106 公尺處，封土的南側發現長斜坡墓道，但沒有明顯的神道遺蹟。

陵園內發現建築基址 3 座，建築堆積 1 處。建築基址均位於大冢和小冢的東南方約 60～90 公尺附近，其中文昭皇后陵的東南有 2 處，孝文帝陵的東南雖經反覆核查，只發現 1 處。3 座建築基址形制特殊，平面形狀不規則，邊緣帶有明顯的鋸齒狀。鑽探表明是建築的基槽部分，規模均不大，推測與祭祀有關。在南垣內側中部沿垣牆方向有 1 組建築堆積，其性質目前尚不清楚。在陵園的中部發現 1 條橫貫東西的水渠，西南角也有 1 條類似的水渠，均應為陵園內的排水設施。2 條水渠分別疊壓在大冢封土和東垣夯土之下，在陵園建成以後即行廢棄。

長陵陵園遺址給人的直觀印象是具有明顯的中原地區陵寢制度的特點。例如圓形的封土，方形的陵園平面，四面構築夯土垣牆，園內建有祭祀建築。與洛陽邙山地區的東漢帝陵和高級別的東漢大墓相比，二者之間存在著明顯的繼承關係。但是也有不同的地方，呈現出發展變化的趨勢，比如陵園內的建築在封土的東南方向而不是位於東側。與平城時期的方山永固陵相比，陵寢制度的變化當發生在長陵階段而非景陵階段，長陵的構建奠定了遷洛時期的地陵制度的基礎，而景陵不過是這一基礎的延續。這說明北魏王朝漢化程度比起平城時期有所加深，同時陵墓制度又有了新的發展。〔註16〕

（三）北魏宣武帝景陵

《魏書·宣武帝紀》：延昌四年正月丁己殂於式前殿，年三十三，二月甲午葬景陵。據洛陽北邙山冢頭村南出土的北魏·馮邕妻元氏墓誌稱：「葬景陵南崗」；又據冢頭村西的水泉村出土的北魏·穆纂墓誌稱：「葬景陵之右」，可知冢頭村東之大冢即宣武帝景陵。

北魏宣武帝景陵在瀍水西（《清·洛陽縣志》為誤），理由是《資治通鑑》卷一八八，載李世民曾「以精騎陳於北邙，登魏宣武（景）陵以望之。」說明景陵一帶地勢險要，墓塚很高。而王世充臨穀水拒唐兵，因此景陵距穀水

〔註16〕 河南省文化局文物工作隊：〈洛陽北魏長陵遺址調查〉，《考古》，1966 年 3 月；
洛陽市第二文物工作隊：〈北魏孝文帝長陵的調查和鑽探〉，《文物》，2005 年
第 7 期。

不遠，景陵既近穀水，亦應於瀍水西，邙山望朝嶺村，西北三里至塚頭村村東里許，有一大塚直徑約四十餘公尺，此塚正處在邙山之巔，其地形方位與史相符。應為景陵，但《清·洛陽縣志》卻誤以為此陵為漢沖帝及漢順帝之陵。〔註17〕

（四）北魏孝明帝定陵

《魏書·明帝紀》：戊申（武泰元年）二月癸巳為其母胡太后毒死於顯陽殿，年十九，三月乙酉葬於定陵。據洛陽北西山嶺頭村南出土的北魏·張寧和王悅墓誌分別稱「葬於孝明皇帝陵西二里」和「兆入定陵……合葬芒嶺定陵西崗」，可知在其東二里為孝明帝定陵。

北魏孝明帝定陵在洛陽市東北送莊鄉西山嶺頭村。

（五）北魏孝莊帝靜陵

《魏書·莊帝紀》：「普泰元年（531年）辛亥冬，始遷梓宮赴京師，葬靜陵。」考陵在洛陽北邙山上寨村南，塚南15公尺處出土有石翁仲。

（六）北魏節閔帝元恭墓

根據中新網鄭州2015年3月11日電（曹錚）記者從11日的「2013河南省五大考古新發現」發佈會上獲悉，於2012年發現的洛陽衡山路北魏大墓已確認為帝陵，墓主人疑為北魏節閔帝元恭，墓葬遭嚴重破壞。

發佈會上，洛陽市考古研究院工作人員稱，該墓葬於2012年7月發現，到2013年1月底完成全部考古發掘田野工作。墓葬地處邙山南側緩坡之上，為斜坡墓道單磚室墓，土壙平面為「甲」字形。這一帶還發現過一些北魏墓葬，出土過元澄等人的墓誌。

通過發掘，考古人員初步確定了大墓的形制：由長斜坡墓道、前甬道、後甬道和墓室4部分組成，為典型的北魏時期墓葬形制。墓道朝南，墓葬總長約58.9公尺，其中墓道長39.7公尺，寬2.9公尺，在接近甬道部分兩側大面積坍塌；墓室長19.2公尺，寬12公尺，深8.1公尺。通過墓室填土可知，墓葬原來有壁畫存在。

〔註17〕 宿白：〈北魏洛陽城和北邙陵墓——鮮卑遺蹟輯錄之三〉，《文物》，1978年第7期；黃明蘭：〈洛陽北魏景陵位置的確定和靜陵位置的推測〉，《文物》，1978年第7期；中國社會科學院考古研究所洛陽漢魏城隊等：〈北魏宣武帝景陵發掘報告〉，《文物》，1994年第9期。

據工作人員介紹，衡山路北魏大墓位於北魏帝陵區，在其東北方向約 3 公里處是宣武帝景陵，在其東南方向約 2 公里處是孝莊帝靜陵。衡山路北魏大墓復原形制與北魏宣武帝景陵基本相同，規模也較為相近，是一座帝陵級別的墓葬。且衡山路北魏大墓規模較大，建造時間較長，墓壁還有坍塌後修補的痕跡，應為事先預置，根據節閔帝元恭「葬用王禮」的文獻記載，考古人員初步推測該墓主人為北魏節閔帝元恭。

「墓葬遭到了大規模破壞，建築材料以及隨葬品幾乎被洗劫一空，底部鋪地石、墓道中的木柱被悉數盜走。但是單憑幾個盜洞並不足以造成如此巨大的破壞力。在墓道近墓門附近發現的二次打開的痕跡，很可能與墓葬被嚴重破壞有關。」發掘工作人員在介紹墓葬有關情況時說道。

從出土文物看，由於該墓葬在歷史上經歷多次盜掘，墓葬出土的遺物較少且均已殘損，有陶器、青瓷器、銅器、金幣以及石質建築構件等，另外還有文官俑、駱駝俑等殘塊。其中，出土的類似書卷樣式的陶冊國內罕見；而從出土的阿納斯塔修斯一世（拜佔庭帝國時期）金幣來看，其鑄造時間為公元 491～518 年，表明這座墓葬的年代不會早於北魏遷都洛陽以前。通過對墓室形制、出土瓷器等進行比對，考古人員初步推斷這座墓葬為北魏孝昌年間至北魏末。

據史料記載，元恭是南北朝時期北魏的皇帝，廣陵王元羽之子。永安三年（530 年）爾朱榮堂弟爾朱世隆，殺元曄，立元恭為帝。532 年被高歡所廢，其後毒死。諡號節閔帝，又稱廣陵王或前廢帝，在位僅兩年。〔註18〕

一、西魏陵寢

西魏孝武帝（先葬草堂寺，十年後葬雲陵），按《陝甘資政錄》在渭南市東南三十里田村。另按舊《富平縣志》亦載魏孝武帝陵。

陝西富平縣東南，舊傳為後魏孝文帝陵，實西魏文帝陵也。魏孝文遷雒陽，自表瀍西以為山陵之所。瀍西者，洛陽也。孝文自代遷雒，安得葬富平。葬富平者，西魏之文帝，乃孝文之孫，在位十七年，葬永陵。富平之陵，即永陵也。上有宋碑。謬指為孝文之葬，而歷代因之。〔註19〕

富平人朱延璟有魏陵辨，與顧炎武《日知錄》所說略同。

〔註18〕河南洛陽北魏大墓確認是帝陵已遭嚴重破壞（圖）——文化——人民網。
〔註19〕1994 年修《富平縣志》，西安：三秦出版社，1994 年，頁 755。

西魏文帝永陵在陝西省富平縣留古鎮大眾村（大冢村），高 15.4 公尺，周長 230 公尺，陵園佔地 6670 平方公尺。與其后乙弗氏、郁久閭氏合葬，稱永陵。〔註 20〕

西魏文帝永陵現陵冢為圓錐形，周長 230 公尺，封土高 13 公尺，陵冢座北向南，神道西側有石獸一件。主陵東北 24 公尺處有陪葬墓一座，東西長 26 公尺，南北長 27 公尺，封土毀損嚴重，殘高 5 公尺，周長 91.3 公尺。據傳說為平原公主墓。據《富平縣志‧劉志》載：一說是文帝妹明月公主，二說為西魏廢帝元欽。明《魏陵辨》里載說元欽，或是元廓。在永陵附近村民至今有親兄妹不送陵的習俗。傳說文帝入葬時，其妹平原公主哭得死去活來，暴死陵旁，即陪葬永陵。按此地傳說，墓主或是平原公主。

《中國歷代帝王》（唐聖國作，西北大學出版社 1994 年 6 月出版）載：北魏孝武帝（元寶炬兄）元修在位時，高歡威權懾主，元修欲除高，因力單未成，逃離洛陽，西奔長安，投靠另一大將軍宇文泰，534 年被宇文泰毒死，葬永陵。可見永陵始葬者，並非元寶炬，而是其兄元修。現今永陵元修陵冢，在何位置，平夷於何時，方志和史料均無記載。《中國歷代帝王》載：西魏廢帝元欽（西魏文帝之子）在位時，元欽及元氏宗親對宇文泰專權不滿，欲除宇，事泄，554 年被宇文泰廢掉後毒死。葬於永陵（今陝西省富平縣境內）。

永陵是葬元寶炬一位帝王，還是西魏幾位帝王，無稽考。

明嘉靖三十四年（1555）農曆臘月十二日子夜，關中大地震時，陵區地面建築、牆垣遭毀。

清入關之後，視元寶炬為祖先，每年清明時舉行國祭，規模宏大，氣勢盎然，時永陵香火繚繞，遊人如蟻，在此期間，永陵周圍八堡官家委託代表八旗舉事，各堡八色，國祭時一道花燈初上，八堡舞龍隊便至陵區翩翩起舞，八堡龍色為八色，舞龍隊員著裝為八色，均為各旗龍旗色調。舉事時間，朝野謁陵人以關中牛尻子布袋為工具，先赴陵東南 40 公里處的渭河灘背沙土給陵添土後再作謁拜，時永陵和渭河無不形成 40 公里長龍。可謂「清明國祭」不亞於今人黃陵清明祭祖。清明搭棚舞龍之形式於民國初期衰止，渭河灘取土添冢一直延續到 20 世紀 50 年代。

由於清宮對永陵的重視，朝野為永陵立碑 100 多通。20 世紀 50 年代尚存，1958 年大多數被拉至陵 4 公里賀蘭水庫築壩。1967 年所剩碑石及神道原

〔註 20〕《陝西帝陵檔案》，第五章、十六國南北朝帝陵，頁 131。

雕遭毀。

　　西魏文帝永陵為後世留下了極其豐厚的文化遺存，在中國歷代帝王陵墓研究中產生了重大的影響。它的遺存，從西魏時期卜陵科學、陵寢制度、陪葬制度、古建形式、石刻工藝、器物陪葬、甬道砌固等方面，多角度反映了西魏時期的社會。同時反映了當時中華各民族大融合的歷史，朝野審美情趣、宗教藝術、民間文化和習俗，而且清人祭祀永陵留下了一筆豐厚史料。〔註21〕

　　西魏廢帝陵在富平縣。恭帝陵則不可考。

二、東魏陵寢

　　東為孝靜帝元善見的西陵在河北省邯鄲市磁縣城西南講武城鎮前港村東南，俗稱「天子冢」。

　　天子冢，為於縣城西南講武城鎮前港村東南，推測為東為孝靜皇帝之墓，封土高 25.3 公尺，周長 750 公尺，整個陵區佔地 20 餘畝，為古代宏偉的陵寢之一。孝靜帝名元善見，清河文宣王元亶之子，東魏天齊元年（534 年）即位，建都鄴城，史稱東魏王朝。天寶元年（550 年）高洋稱帝，建立北齊，封元善見為中山王。天寶二年（551 年），中山王殂，時年 28 歲，奉諡為「孝靜皇帝」，葬於此。〔註22〕

三、北齊陵寢

　　河北省邯鄲市磁縣境內的東魏、北齊墓群，分佈在縣城南部、西南部。過去曾傳言，這些土堆為曹操設卜的七十二疑冢，又說是曹操計退袁紹堆成的假糧堆。後經中央、省、市、縣文物工作者的多次調查、發掘、考證，證實這些古墓是北朝時期東魏、北齊的王陵區計有大小墓丘 134 個，沒有封土的還有，從中發掘了許多珍貴的文物，為研究北朝時期社會和文化狀況有重要意義。〔註23〕

（一）義平陵

　　位於講武城大冢營村西，佔地 10 餘畝，據推斷為東魏丞相高歡之墓。高歡死於東魏武定五年（547 年），諡號「獻武王」。次子高洋建立北齊後，追封其父為「獻武皇帝」，天統元年（565 年）改諡為「神武皇帝」。

〔註21〕《陝西帝陵檔案》，第五章、十六國南北朝帝陵，頁 131。
〔註22〕編委會：《磁縣志》，北京：新華出版社，2000 年，頁 734。
〔註23〕趙樹文、燕宇編著：《鄴都考古探索》，北京：當代中國出版社，1993 年，頁 175～176；〈河北磁縣灣漳北朝墓〉，《考古》，1990 年第 7 期。

（二）竣成陵

在義平陵北約 200 公尺處，原墓封土高 22 公尺，推測為高歡長子高澄之墓。高澄繼父任東魏大丞相，武定七年（549 年）欲篡皇位，被殺死，諡號「文襄王」，葬於義平陵北。北齊天保初年追尊為「文襄帝」。

（三）武寧陵

位於縣城南後灣漳村東南，推測為北齊文宣帝高洋之墓，原封土高達 30 公尺，直徑 150 餘公尺，墓前 80 公尺處有一石像，高 4.06 公尺。1987 年發掘此墓，出土了千餘件陶俑，其中 2 件侍衛俑高 1.5 公尺，是北朝墓群出土的最大的兩件。

灣漳北朝（東魏、北齊）陵墓區位於磁縣縣城西南，滏陽河南岸。墓葬在灣漳村東部，原有高大的墳丘，其佔地面積約為八千餘平方公尺。墓葬南面上有一尊石刻人像。

該墓早年已被盜掘，由墓道、甬道、墓室三部分組成，墓室長寬均在七公尺以上，室壁由五層磚砌成，地面為青石鋪面，墓室西側為石砌棺床，並有高大的石門。甬道亦是青石鋪地，分為南北兩段，南段寬於北段。墓葬全長約 52 公尺，墓道長 37 公尺。墓道兩壁、甬道兩壁和墓室內壁都繪有壁畫。

墓道壁畫保存較完好，東西兩壁總面積約 320 平方公尺。兩壁畫面對稱，東壁是以青龍為先導，由五十三人組成的儀仗出行隊伍，表現了墓主人崇高的地位。東、西兩壁的青龍、白虎通長 4.5 公尺。從透視角度看，每壁的儀仗出行隊列應是兩隊，左右共有四列隊伍，作向南徐徐前進狀，儀仗出行隊列中，均手執戟盾、鼓樂、旗幡、傘蓋等。儀仗隊伍的上方天空位置，繪有各種神獸，期間綴以流雲、蓮花等圖像，反映了死後的精神世界。壁畫氣勢宏偉，內容豐富，總體構圖生動、嚴謹，尤其是型態各異的眾多人物，栩栩如生，表現了高超的技藝，在同期的壁畫墓中是空前的。

隨葬品有陶俑、陶牲畜、陶製模型和陶瓷器皿等。陶俑均有彩繪，製作精美，形象生動，知確切出土位置的達 1500 餘件，也是同期墓葬中隨葬數量最多的。其中的大文吏俑達 142.5 公分，表現了墓主人身分地位的高貴。陶俑和隨葬品及其排列組合對於研究當時的禮儀、社會、服飾、雕塑藝術等都具有重要的價值。〔註24〕

〔註24〕編委會：《磁縣志》，北京：新華出版社，2000 年，頁 734～735。

（四）北齊廢帝高殷墓

在武寧陵西北百餘公尺處，俗稱「白家墳冢」，原墓封土高 20 多公尺。高殷為高洋長子，天保十年（559 年）即位，次年被叔父高演奪取皇位，廢為濟南王。皇建二年（560 年），高演派人將高殷殺害，諡「閔悼王」，史稱齊廢帝。

四、齊後主墓

即高緯墓。高緯，字仁綱，武成皇帝高湛嫡子，皇后胡氏出，太寧二年（562）立為皇太子。河清四年（565）受禪即位為北齊皇帝，年僅 10 歲，568 年親政。武平六年（575）北周武帝大舉攻伐北齊，齊將紛紛開城降周。高緯棄都出走青州，欲降陳國，被周兵俘獲，遷至長安，封溫（國）公，同年被殺，尊號後主・無上皇，史稱齊後主。《帝王辭典》：「葬地在今西安」。[註25] 1995 年修《陝西省志・文物志》（三秦出版社）：葬地「洪瀆川（今咸陽市渭河北岸洪瀆原）」。地面無封土及其他標誌。

五、幼主墓

即高恒墓。高恒係高緯之子，穆皇后出。武平元年（570）立為皇太子，577 年 1 月受禪即位，年僅 8 歲。在位 25 天，被北周俘，遷至長安，北齊亡，被殺，史稱齊幼主。《陝西省志・文物志》：葬地「洪瀆川（今咸陽市渭河北洪瀆原）」。

六、北周成陵

北周文帝（追尊）宇文泰成陵，與元皇后合葬，在今富平縣宮裡鄉學校內。現存清建陵碑，正中陰刻隸書清乾隆年間陝西巡撫畢沅題「北周文帝成陵」。陵冢呈圓錐形，高約 8 公尺，周長 149 公尺。屬省級文物保護單位。[註26]

陵前原有石蹲獅一件，藏西安碑林博物館。[註27]

七、北周昭陵

明帝宇文毓之陵。《北史・周本紀》記載，武成二年「夏四月，帝因食糖粔遇毒」，「崩於延壽殿，時年二十七歲」。《帝王辭典》：武成二年（560）被宇

〔註25〕張德臣編者：《渭城文物志》，西安：三秦出版社，2007 年，頁 133。
〔註26〕《陝西帝陵檔案》，第五章、十六國南北朝，頁 135。
〔註27〕《渭城文物志》，古陵墓，頁 133～134。

文護殺，諡明帝，廟號世宗，「葬昭陵」。《陝西省志・文物志》：昭陵在「咸陽市北斗鄉」。地面無封土及其他標誌。

按：斗為「杜」之轉音。北斗鄉即今北杜鎮。1993年北杜鎮成仁村南1公里處被盜的墓中出有獨孤渾貞墓誌。武成元年獨孤渾貞「遷大將軍，除小司空」，次年四月卒於長安，「贈柱國大將軍」，以其生前身分地位，很可能陪葬昭陵。故昭陵應距此墓不甚遠。〔註28〕

八、北周孝陵

1993年8月2日，咸陽市底張鎮陳馬村東南約1000公尺處的一座古墓被盜掘，同年12月1日「陳馬村村民王滿社夫婦，迫於咸陽市及渭城區打擊盜掘古墓、倒賣走私文物犯罪活動的強大壓力，主動將自己從別人已盜過的盜洞中撿回的『武德皇后誌』交給駐隊工作組」。誌銘中明確鐫有武德皇后阿史那氏於開皇二年合葬孝陵的內容，與《北史》、《周書》所載武帝皇后之一阿史那氏的喪葬時、地相合（史書記載為「武成皇后」）。但當時尚不清楚北周帝后合葬是否為同墓同穴，未敢斷定該墓即武帝孝陵玄宮。1993年12月至1994年元月，咸陽市考古研究所派員對此墓進行了鑽探調查，初步探明了墓葬位置及形制。1994年9月該墓再度遭到盜掘，陝西省文物局在上報國家文物局後，指示陝西省考古研究所與咸陽市考古研究所聯合進行搶救性發掘。

發掘工作於1994年9月30日正式開始，1995年元月20日基本結束。因該墓在被盜時多用爆破挖掘盜洞，致使墓室上的原生土層出現數處垂直裂縫，墓室內已全部坍塌，所以在發掘墓道、天井的同時，對墓室部分用大揭頂的方式同步進行發掘。出土的武帝孝陵誌石、墓室內的棺槨遺蹟，以及先後收繳的武德皇后誌石、天元皇太后金璽，完全證實此墓確為北周武帝與皇后阿史那氏合葬的孝陵。

在發掘過程中，為了使已朽的易散亂的遺物得到妥善的清理和保護，考古工作者對壁龕和部分墓室近底部存有遺物的土層採用了分割切塊、石膏封固提取、X光透視攝影、室內清理保護的技術。〔註29〕

北周武帝宇文邕的孝陵，具體地點，史載不詳，地面又無封土，適逢1993

〔註28〕陝西省考古研究所、咸陽市考古研究所：〈北周武帝孝陵發掘簡報〉，《考古與文物》，1997年第2期。

〔註29〕北周武帝宇文邕孝陵，〈北周武帝宇文邕孝陵旅遊網〉。

年及 1994 年接連被盜後，考古部門才進行正式發掘。根據發掘出土的武帝孝陵誌石、墓室棺槨遺蹟，武德皇后誌石及天元皇太后金璽等，判定此墓確為北周武帝與皇后阿史那氏合葬的孝陵。孝陵為於今咸陽市渭城區底張鎮陳馬村東南約 1000 公尺處，西距唐順陵約 1500 公尺。墓葬總體座北向南，墓道全長 68.4 公尺，由斜坡墓道、5 個天井、5 個過洞、4 個壁龕及甬道、土洞式單墓室組成。這樣的形制，與已發現的北周皇室、貴族、大臣的大、中型墓大體相同。孝陵雖經多次盜掘，但出土物仍很豐富，據不完全統計已有數百件之多。其中有各類陶俑 150 多件、陶瓷器近 40 件、玉器 8 件、銅帶具 1 套、金器 21 件及誌石 2 合。金器中的「天元皇太后璽」尤為珍貴，純金，重 802.56 克，獬豸鈕，正方形璽面，邊長 4.45、寬 4.55、盒鈕通高 4.7 公分。璽面篆書陽刻「天元皇太后璽」6 字。章法獨特，世所罕見。二合誌石，一為「大周高祖武皇帝孝陵」；一為「周武德皇后誌銘」，誌面陰刻「大隋開皇二年歲次壬寅四月甲戌朔二十二日甲未周武帝皇后阿史那氏祖諡曰武德皇后其月二十九日壬寅合葬於孝陵」。證明確為北周武帝與皇后阿史那氏合葬的孝陵。〔註 30〕

《北史》和《周書》關於北周帝陵的記載極為簡單，僅可知孝閔帝葬靜陵、明帝葬昭陵、武帝葬孝陵、宣帝葬定陵、靜帝葬恭陵。但具體位置不詳，加之北周帝陵不封不樹，地面沒有標誌，也無石刻儀衛，陵園建築等，歲月流逝，後世全不知其蹤跡了。孝陵的發現，為考古工作者尋找北周其它四座帝陵提供了重要的線索，從武帝孝陵地望來看，北周帝陵均應在孝陵附近，及今底張鎮一帶。〔註 31〕

孝陵座為迄今唯一被發掘的中國北周時期的帝王陵，也是陝西省搶救發掘的第一座帝陵，具有很重要的歷史意義。其墓葬形制清楚，遺物豐富，特別是陵誌、金印、大型玉璧等均屬國家級珍貴文物，為研究北周史，北朝考古，北朝至隋朝陵墓制度的演變都提供了重要的資料，為研究北周這一時期的政治、軍事、經濟等方面提供了重要的依據。

孝陵墓室處理和地面不樹不封等情況，對研究中國北周的喪葬禮制、墓葬佈局具有重要的參考價值。它填充了對北周帝王陵考古斷定的空白。〔註 32〕

〔註 30〕　百度百科——北周高祖武皇帝孝陵。
〔註 31〕　《陝西帝陵檔案》，頁 137～138。
〔註 32〕　《渭城文物志》，頁 224～225。

九、北周武帝孝陵陵誌

北周。1994年底張鎮陳馬村孝陵出土。一合，石灰岩質。蓋盝頂，方形，素面，底邊長 85、厚 14 公分。誌石邊長同蓋，厚 11.5 公分，素面，陽刻篆書 3 行，行 3 字。現藏西安碑林博物館。文為：「大周高祖武皇帝孝陵」高祖武皇帝宇文邕，自稱羅突，太祖文皇帝宇文泰第四子，生於大統九年。《周書》：宣政元年「六月丁酉，帝疾甚」，由雲陽宮「還京。其夜，崩於乘輿，時年三十六」。未詳埋葬時間及地點。

北周歷時 25 年，在位五帝。《北史》記載：閔帝宇文覺葬靜陵，明帝宇文毓葬昭陵，武帝宇文邕葬孝陵，宣帝宇文贇葬定陵，靜帝宇文衍（闡）葬恭陵，未明確記載各陵的具體位置在何處。陵誌的發現不僅證實了孝陵的確切方位，同時也對考證北周其他帝陵的位置關係提供了重要線索。〔註 33〕

十、北周宣帝定陵

北周宣帝宇文贇墓。宇文贇係宇文邕嫡子，李皇后出。建德元年（572）立為皇太子，宣政元年（578）即位，大成元年（579）傳位於皇太子宇文衍，自稱天元皇帝，專事享樂，580 年病死，葬定陵。《陝西省志‧文物志》：葬地「咸陽市北斗鄉」。地面無封土及其他標誌。

十一、北周靜帝恭陵

北周靜帝宇文衍（闡）墓。宇文衍係朱皇后所出，大成元年受禪即位，年僅 7 歲。581 年北周亡，同年被殺，諡號靜皇帝，葬恭陵。〔註 34〕《陝西省志‧文物志》：葬地「咸陽市北斗鄉」。地面無封土及其他標誌。

〔註 33〕 《渭城文物志》，古陵墓，頁 133～134。
〔註 34〕 《渭城文物志》，古陵墓，頁 133～134。

圖　版

（一）宋

初寧陵　劉宋武帝劉裕陵（一）？

初寧陵　劉宋武帝劉裕陵（二）？

（南京市初寧路）

（二）齊

蕭梁河

蕭梁橋

陵口石獸（一）

陵口石獸（二）

陵口石獸文保碑

齊宣帝永安陵（一）？

齊宣帝永安陵（二）？

齊宣帝永安陵（三）？

齊宣帝永安陵（四）？

齊景帝修安陵（一）？

齊景帝修安陵（二）？

齊後明帝興安陵（一）？　　　　　齊明帝興安陵（二）？

爛石壠

一般認為是齊前廢帝蕭昭業墓。

齊後廢帝蕭昭文墓？（水經山佚　　齊後廢帝蕭昭文墓？（水經山佚
名石刻）　　　　　　　　　　　　名石刻）

（三）梁

梁文帝建陵全景

齊、梁帝陵除梁文帝建陵有神道柱上之正、反兩書文字明確外，其餘各陵墓主是否如文保碑所標示的各專家見解不一。

齊、梁陵寢的考察

左起江蘇省丹陽市埤城鎮前鎮長魏英明，丹陽市前文化局楊再年局長、謝敏聰、東南大學許丹教授、南京市博物館邵磊研究員。2016 年 9 月攝。

建陵的石柱與石獸

梁武帝修陵？

梁簡文帝莊陵（一）？

梁簡文帝莊陵（二）？

梁簡文帝莊陵（三）？

梁簡文帝莊陵（四）？

梁敬帝陵？

南京市梁昭明太子陵，號墓為陵？

江寧縣石馬衝。

南京市江寧縣石馬衝？

陳霸先萬安陵？

北邙山陳後主墓？

（四）北魏

北魏惠太后陵

北魏惠太后為太武帝拓跋燾的乳母，死後葬於大同市渾源縣的崞山。

永固陵

謝敏聰攝於永固陵

2015 攝。

大同方山有雙陵

右方（遠處）為永固陵；左方（近處）
為魏孝文帝虛宮。

北魏孝文帝虛宮萬年堂

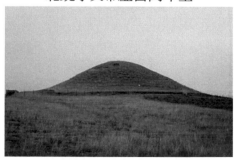

山西大同

北魏孝文帝長陵

洛陽北邙山。

北魏孝文皇后陵

文昭皇后陵。

北魏宣武帝（孝文帝之子）景陵

「北邙山頭少閑土，盡是洛陽人舊墓」

北魏景陵地宮甬道

北魏景陵石棺

東魏孝靜帝元善見陵

西魏文帝永陵（一）

西魏文帝永陵（二）

西魏文帝（元寶炬）永陵石獸

原置陝西富平，西魏大統十七年（公元551年）。這件立獸造型雄偉、氣勢渾厚，保持了漢以來古樸的作風。它的前肢上部有線刻的兩翼是東漢以來把獸類經過神話的傳統做法，稱為天祿、辟邪。現藏西安碑林博物館。

天水市麥積山石窟

西魏文帝后乙弗氏原葬麥積山石窟，後移葬陝西富平縣留古鎮。

河北磁縣北朝墓群碑

磁縣境內有大塚134座，舊誤以為曹操72疑冢，今考證為北朝墓群。北朝墓葬主要有蘭陵王墓、天子冢、義平陵、竣成陵、武寧陵、高殷墓、高潤墓、高翻墓、高盛墓、元景植墓、元亶墓、茹茹公主墓、四美冢、李尼墓等。

傳高歡陵寢？

北響堂山石窟大佛洞內塔柱東側上方中間洞窟傳為高歡的陵寢。

北周成陵

北周武帝陵地貌遠景

北周武帝孝陵誌蓋

拓本資料

北周武德皇后誌及誌蓋

拓本資料

北周武德皇后誌

拓本資料

第十四章　隋朝陵寢

帝　系	姓　名	陵　名	陵　　地
文帝	楊堅	泰陵	陝西省咸陽市楊凌示範區扶風縣東南約 20 里五泉鎮王上村東北約 200 公尺三畤原。
煬帝	楊廣		江蘇省揚州市邗江區西湖鎮司徒村曹莊組的蜀崗西峰頂部。
恭帝	楊侑	莊陵	陝西省咸陽市乾縣洪乳台村南 500 公尺？

一、隋文帝泰陵

　　文帝與獨孤后異穴同葬。《隋書·高祖紀下》:「仁壽二年,閏十月壬寅,葬獻皇后於泰陵」;「又仁壽四年,冬十月己卯,(文帝)合葬於泰陵,同墳而異穴。」《古今圖書集成》引《扶風縣志》:「隋文帝陵在邑東南四十五里,陵地九頃餘,城垣遺址尚存」。《關中陵墓志》載:「陵高五丈,周數百步。」〔註 1〕

　　泰陵陵園佔地 7 頃餘,陵冢位於陵園中央偏南的地方,封土呈覆斗形,夯築,高 27.4 公尺,頂東西長 48 公尺,南北寬 38 公尺,陵底東西線長 166 公尺,南北殘寬 160 公尺。陵園平面近方形西長 756 公尺,南北寬 652 公尺。發現有四面門庭建築及四角有闕樓遺址。陵冢前南約 2 公尺現存清代石碑一通,石灰岩質,圓首有座,碑文「隋文帝泰陵」為清乾隆年間陝西巡撫畢沅書。陵園東南塬下 1.25 公里處的高台地上,建有文帝祠廟一座(亦稱祭壇),宋碑曰:「隋文帝廟」。陵底四周已被挖掉 3～5 公尺。

〔註 1〕 2011 年修《陝西省志·文物志》,西安:陝西人民出版社,頁 103～104。

　　泰陵及祠廟遺址內，遺物多為建築材料，其中有鋪地方磚和砌牆磚兩類。鋪地磚有蓮花形網紋磚兩種，多採集於祠廟遺址中。蓮花方磚長寬均為 32 公分，厚 5.5 公分，磚中彫為浮雕蓮花圖案，角隅飾以蔓草，四邊低，飾陰刻聯珠紋。菱形網格紋方磚邊長 31 公分厚 5.5 公分，一側為網格紋，另一側為素面。另外還出土有粗繩紋素面條磚。出土的筒瓦，均為輪制，筒瓦保存完整的很少。瓦內紋飾以粗布紋居多。瓦當有單瓣蓮花紋、雙瓣蓮花當、獸面當、雲紋當和菩薩當。圖案風格生動逼真，工藝考究，其中最為珍貴菩薩瓦當，僅發現一件，已殘，直徑 13 公分，當面中心有一尊雙手合十，結跏趺坐的姿勢其衣著紋飾現已不清，這種以佛教內容為題材的瓦當是極為罕見的。

　　泰陵對研究隋代政治、經濟、文化等方面具有重要的價值。隋朝延續了秦漢時期封建的規制，因之，泰陵作為中國現存隋代唯一規模宏大、保存完整的帝王陵，在中國歷史上具有承前啟後的地位。〔註2〕

二、隋煬帝墓的發掘

　　隋煬帝墓位於揚州市西湖鎮司徒村曹莊組的蜀岡西峰頂部，區域地理位置為北緯 32° 25' 22"，東經 119° 23' 32"，海拔 24.7 公尺，其南側為蜀岡西峰公園，東距唐子城遺址（隋江都宮遺址）西南角 1.8 公里。其所在地原地勢高於週邊，附近村民俗稱「後頭山」。上世紀五十年代，「後頭山」還有 5 公尺多高。上世紀八十年代，村民建設住宅，破壞了原地形地貌，土山逐漸被挖平，建築直接修建在磚室墓上。

　　隋煬帝墓墓葬土墩近方形，東西長 49 尺，南北寬 48 尺，為隋煬帝楊廣與蕭后同塋異穴合葬墓。2013 年 4 月至 11 月，經過科學的考古發掘，兩座墓葬共清理出墓誌、玉器、銅器、陶器、漆器等珍貴文物近 400 件（套）。其中「隨故煬帝墓誌」、蹀躞金玉帶、鎏金銅鋪首、玉璋、銅編鐘、編磬等遺物不但佐證了墓主人身份，而且世所罕見，為研究隋唐時期歷史、政治、經濟、文化等提供了詳實的科學資料。〔註3〕

　　隋煬帝夯土土墩外圍解剖發掘基本結束後，工作中心轉到隋煬帝墓（編號 2013YCM1）與蕭后墓（2013YCM2）的發掘研究。

〔註2〕　《陝西帝陵檔案》，頁 144。
〔註3〕　華德榮：《雷塘數畝田——揚州隋煬帝陵發掘和展示》，揚州：廣陵書社，2016年，頁 50～51。

2013 年 3 月對主墓室進行了搶救性發掘，4 月 10 日墓誌發現後暫停發掘。9 月份開始發掘一號墓的墓道與耳室，採用四分法發掘墓道，墓道掘與耳室加固清理同步進行。

隋煬帝墓由墓道、甬道、東耳室、西耳室、主墓室五部分組成，磚室連甬道南北長 6.17 公尺，東西連耳室寬 8.22 公尺，殘高 2.76 公尺。

主墓室南北長 3.92 公尺，東西寬 3.84 公尺，主墓室四壁用青磚三順一丁、一順一丁磚造，頂部不存，東、西、北壁各有 1 龕。席紋式鋪地，墓磚中有隋江都宮特有的斜面磚，絕大多數用磚與江都宮城城牆磚相同，墓磚質量很差，應是江都宮廢棄的城牆磚。

西耳室南北長 1.84 公尺，東西寬 1.8 公尺，內高 2.58 公尺。用三順一丁、一順一丁砌法。西耳室的南壁即是主墓室的南壁。耳室口部無券頂，應有木質門楣支撐，室內頂部發券。東耳室結構與西耳室相同。

甬道位於主墓室南側中部，是主墓室與墓道之間的通道。東西長 1.72 公尺，南北寬 0.85 公尺，雙層發券，與墓門之間有凹槽結構，凹槽寬 0.08 公尺，推測有木門結構。

墓道長 19.5 公尺，北端上寬 6.42 公尺，南端上寬 5.9 公尺、下寬 4.3 公尺，殘深 2 公尺，墓道底部南稍高、北稍低，呈緩坡狀，墓道結構特殊，墓壁凹凸不齊，極不規則，上寬下窄，近底部留二層台，墓道底、壁均經火燻烤。墓道中部偏南清理出 1 架木梯，長 4.1 公尺、寬 1.2～1.5 公尺，六個格檔，已完全碳化。

墓中出土了墓誌、玉器、銅器、陶器、漆器等珍貴文物近 180 餘件（套）。

2013 年 3 月對蕭后墓的主墓室、甬道進行了部分發掘，揭露出主墓室兩側的陶器。9 月繼續發掘，各部分發掘均採用二分法。

蕭后墓由墓道、甬道、東耳室、西耳室、主墓室五部分組成，墓葬通長 13.67 公尺、寬 5.9 公尺，主墓室長 5.97 公尺。

墓道長 5.25 公尺，南端封門處寬 2.42 公尺，北端封門處寬 3.4 公尺。

甬道長 2 公尺、寬 2.05 公尺，東、西兩側各有一小耳室，耳室內置動物俑。

主墓室由前室和後室兩部分組成，四壁用青磚三順一丁、四順一丁磚造，東、西、北壁各有 3 個小壁龕。墓底中部席紋鋪磚，東側順長平鋪磚，尺寸 30.0 公分×14.8 公分～4.7 公分、29.5 公分×14.0 公分～5.0 公分。在清理墓

室倒塌淤積土中發現了少量的龍紋磚與蓮瓣紋磚。主墓室的前室東西各有1耳室。

蕭后墓有兩處盜洞，其中墓門盜洞東西長3.8公尺，南北寬1.05公尺。灰褐色填土，較鬆軟純淨，盜洞時代不明。

蕭后墓隨葬文物豐富，大多集中放置於主墓室後室的東西兩側、主墓室的前室及甬道處。共發掘出陶器、瓷器、銅器、漆木器、鐵器、玉器等200餘件（套）。〔註4〕

三、揚州曹莊隋煬帝、后墓發掘的學術意義

揚州曹莊隋煬帝墓的發掘與確認，解決了多年來隋煬帝終葬之地的爭議。M1、M2的形制差異顯明，隨葬品中既有北方地區北朝至隋唐貴族流行的蹀躞帶，又有南方地區常用的雙人首蛇身俑和雙人首鳥身俑。此類俑多見於南方江西、湖南、江蘇的唐、五代墓葬，北京、遼寧的同時期墓中亦有發現，而西北的長安、洛陽未見。M1、M2形制和個別隨葬品的差異，有可能與下葬的時間早晚有關，也可能是受不同地區文化習俗因素的影響，或還有其他原因，需要進一步的深入探討和研究。

隋煬帝墓出土的一批具有時代特徵、地域特徵的隨葬品和特殊的墓葬形制，對於研究隋末唐初的高等級墓葬形制、喪葬習俗，以及南北文化的交流提供了珍貴的資料，也有助於研究隋唐時期歷史、政治、經濟、文化等。

隋煬帝墓的發掘，還豐富了揚州城遺址的內涵，擴展了揚州城遺址的範圍，對於進一步深化揚州城遺址的研究也具有特殊的意義。〔註5〕

〔註4〕 華德榮：《雷塘數畝田——揚州隋煬帝陵發掘和展示》，揚州：廣陵書社，2016年，頁90～96。

〔註5〕 南京博物院、揚州市文物考古研究所、蘇州市考古研究所：〈江蘇揚州市曹莊隋煬帝墓〉，《考古》，2014年第7期。

M1、M2 位置平面圖

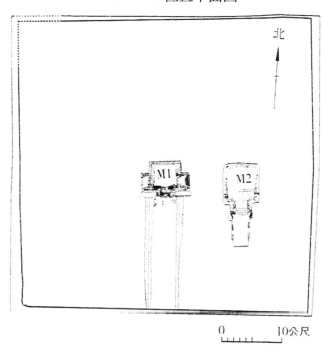

取自南京博物館、揚州市文物考古研究所、蘇州市考古研究所：
〈江蘇揚州市曹莊隋煬帝墓〉，《考古》，2014 年第 7 期。

四、陝西隋煬帝陵

隋大業十四年三月，楊廣葬於揚州吳公台下。唐武德五年，遷葬於武功西塬上，與其父隋文帝楊堅之泰陵隔河相望，此可能是衣冠塚。

隋煬帝陵（衣冠塚）原為覆斗形，現僅存一環丘形土塚，高約 3 公尺，直徑為 7 公尺。

隋煬帝陵為陝西帝陵中一座較特殊的帝王陵，背向泰陵，寓意著亡國之恥，無法面見先祖，且留下許多歷史傳說。

隋煬帝陵位於陝西省咸陽市武功縣武功鎮西塬洛陽村東北約 400 公尺處，南近湋河河溝，北為開闊耕地，東臨羅家堡，整個地勢呈北高南低的漫坡地帶，北距西安寶雞北線公路約 1000 公尺。東距古城西安 70 公里，西距寶雞市 90 公里，南距國家楊凌農業高新技術產業示範區 9 公里，海拔高度約為 590 公尺。〔註6〕

〔註 6〕《陝西帝陵檔案》，第六章，隋代帝陵，頁 147～148。

五、隋恭帝墓

隋恭帝楊侑墓，位於陝西省咸陽市乾縣陽洪鄉乳台村南 500 公尺處。墓冢呈覆斗形，底邊長 82 公尺，上部殘邊長 28 公尺，高 15.8 公尺，當地群眾稱方陵。封土堆周圍偶見唐代瓦片。封土為平夯而成，夯層厚 18～20 公分。

楊侑（605～619），是隋代第三位皇帝，是隋煬帝長子元德太子楊昭之子。初封陳王，後改封代王。隋煬帝幸江都，命楊侑留守京師。隋大業十三年（617），唐高祖李淵（時任太原留守）舉兵反隋，同年 11 月攻入長安，立楊侑為帝，改大業十三年為義寧元年。次年五月，楊侑遜位，李淵建大唐王朝，改元武德（618），「封楊侑為酅國公，以奉天之地四百頃奉之，子孫遂為縣人」。（《乾縣新志》）。武德二年（619）五月，楊侑遇害，唐謚其為隋恭帝，葬於奉天封地。〔註 7〕

〔註 7〕2003 年修《乾縣志》，西安：陝西人民出版社，頁 732。

圖　版

隋文帝泰陵陵碑

隋文帝泰陵

隋煬帝墓考古狀況

隋煬帝墓考古狀況　　　　　隋煬帝皇后蕭后墓考古狀況

隋煬帝墓的考古工作者與作者合影

隋煬帝墓的考古工作者束家平先生（考古隊長）（左二）、劉剛先生
（研究員）（右一）等與謝敏聰（右二）合影，（2016 年 9 月）。

隋煬帝、后陵墓出土文物

揚州市博物館陳列，謝敏聰攝。

蕭后墓出土的玉璋　　　　仿製的蕭后冠

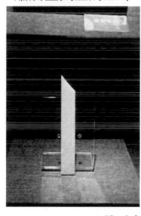 

揚州市博物館陳列，謝敏聰攝。

出土時的蕭后冠

揚州市博物館陳列，謝敏聰攝。

陝西隋煬帝墓？

隋恭帝楊侑墓？

位於陝西省咸陽市乾縣陽洪鄉乳台村南 500 公尺處。墓冢呈覆斗
形，底邊長 82 公尺，上部殘邊長 28 公尺，高 15.8 公尺，當地群
眾稱方陵。封土堆周圍偶見唐代瓦片。封土為平夯而成，夯層厚
18~20 公分。

第十五章　唐朝陵寢

帝　系	姓　名	陵　名	陵　　地
先　世			
獻祖	李熙	建初陵	河北省邢台市隆堯縣魏家莊。
懿祖	李天賜	啟運陵	河北省邢台市隆堯縣魏家莊。
太祖	李虎	永康陵	陝西省咸陽市三原縣陵前鄉。
世祖	李昞	興寧陵	陝西省咸陽市渭城區正陽鄉後排村北原、窰店東。
本　朝			
高祖	李淵	獻陵	陝西省咸陽市三原縣徐木鄉永合村。
太宗	李世民	昭陵	陝西省咸陽市醴泉縣西北25公里九嵕山。
高宗	李治	乾陵	陝西省咸陽市乾縣北6公里梁山。
中宗	李顯（哲）	定陵	陝西省渭南市富平縣雷村鄉龍泉山（鳳凰山）。
睿宗	李旦（輪）	橋陵	陝西省渭南市蒲城縣波頭鄉豐山。
玄宗	李隆基	泰陵	陝西省渭南市蒲城縣保南鄉金粟山。
蕭宗	李亨（浚）	建陵	陝西省咸陽市醴泉縣建陵鄉涼馬村武將山。
代宗	李豫（俶）	元陵	陝西省渭南市富平縣長春鄉檀山。
德宗	李适	崇陵	陝西省咸陽市涇陽縣蔣路鄉嵯峨山。
順宗	李誦	豐陵	陝西省渭南市富平縣曹村鎮陵前村金甕山。
憲宗	李純（淳）	景陵	陝西省渭南市蒲城縣三合鄉金幟山。
穆宗	李恒（宥）	光陵	陝西省渭南市蒲城縣翔村鄉堯山。
敬宗	李湛	莊陵	陝西省咸陽市三原縣陵前鄉柴家窰村；太平鄉胡村。
文宗	李昂（涵）	章陵	陝西省渭南市富平縣西嶺鄉天乳山。

武宗	李炎（瀍）	端陵	陝西省咸陽市三原縣徐木鄉桃溝村。
宣宗	李忱（怡）	貞陵	陝西省咸陽市涇陽縣白王鄉仲山（鄭國渠首）。
懿宗	李漼（溫）	簡陵	陝西省渭南市富平縣長春鄉紫金山。
僖宗	李儇（儼）	靖陵	陝西省咸陽市乾縣岑陽鄉雞子堆；乾縣鐵佛鄉南陵村。
昭宗	李曄（傑）	和陵	河南省洛陽市偃師市緱氏鎮景山之側。
哀帝	李柷（祚）	溫陵	山東省荷澤市定陶縣（曹州）。
後代嗣皇帝追尊、追念其生父、母、子、兄			
承天帝	楊氏	順陵	陝西省咸陽市渭城區底張鄉。
孝敬帝	李弘	恭陵	河南省洛陽市偃師市緱氏鎮滹沱嶺上。
讓皇帝	李憲	惠陵	陝西省渭南市蒲城縣三合鄉。
奉天帝	李琮	齊陵	陝西省西安市臨潼區新豐鎮。〔註1〕

一、唐獻祖建初陵與唐懿祖啟運陵（唐祖陵）

唐祖陵位於隆堯縣正南 6 公里的魏家莊鎮王伊村北 200 公尺處，為唐高祖李淵第四代祖宣皇帝李熙的「建初陵」和三代祖光皇帝李天賜的「啟運陵」，二陵共塋，合稱「唐祖陵」。唐高祖時始建。唐太宗貞觀廿年（647 年），累遣使臣左驍衛府長史長孫尊師與邢州刺史李寬、趙州刺史杜敖等檢謁塋域，畫圖進上。唐玄宗於開元十三年（725 年）派上柱國田再思、象城令宋文素等在陵東 500 公尺處建光業寺，為唐陵附屬建築。陵、碑皆全國重點保護文物。

唐陵經歷了 1300 多年的滄桑之變，如今不僅封土已平，而且整個陵區由於長期用土，形成一片低於周圍 1～2 公尺的窪地。直至 1984 年，在地表下 1.5 公尺處發現大型磚墓室券形墓頂，方知陵墓位置。

唐陵所處地勢為東、西、北三面較高，南面較低。盛唐石雕均在中間窪地。墓葬於北面高地，呈南北向。墓前，四翁仲兩邊分列。其南，兩旁墩立欲吼石獅。再南，六匹石馬兩廂並列，每馬左側站有馬夫一人。最南，二石華表東西相對。遙望唐陵遺址，昔日氣勢雄偉、巍巍壯觀之氣勢猶存。

（一）唐祖陵

唐祖陵石獅高 1.5 公尺，有兩層座。第一層座與石獅為整石雕成。石獅昂

〔註1〕唐玄宗長子慶王去世，贈太子。至德元載（公元 757 年）唐肅宗追尊其兄長為奉天皇帝，妃竇氏為恭應皇后，將其改葬，陵號齊陵。

首挺胸，後蹲坐雄踞之勢，其形態怒目前視，張口欲吼。頷下透雕三綹鬍鬚，腦後毛髮卷曲自如；四肢肌腱突暴，前肢後側各有一排捲曲的細毛；石獅的爪深入石座 2 公分。唐陵石獅雕刻藝術精湛，形象逼真，其結構準確，誇張適度而不俗套。充分體現了初唐匠師在寫實基礎上追求內在神韻合氣勢的藝術匠心。

（二）光業寺

　　光業寺，為唐祖陵附屬建築物，興建於唐高宗李治總章年間，座落於唐陵東邊（現趙孟村西）。其寺名為御賜。寺內曾建有寶塔、珠台、前湖、仙館、佛星宮宁、靈帝觀樓、銀函藏經以及塑像和壁畫等。堂堂濟濟，蔚為壯觀。開元十二年（724 年）趙州刺史上柱國田再思，象城縣令宋文素率邢、趙兩州之象城縣、任縣、柏仁縣三縣士民將寺院整修擴建。修建後的光業寺金碧輝煌，一派皇家氣概（碑文有詳細記載），以後光業寺屢經興廢，從明、清兩代碑刻看，重修即達七、八次之多。1945 年之前，此寺輪廓尚在。其山門在正南，門前有白塔一座，寺內中軸線上有二殿，前、中殿早廢，當時後殿尚存，壁畫精美，佛像眾多。原有銅像一尊，被日本侵略者掠去。傳說殿內座下原有地道，通向西北，正好與唐陵墓室成一直線。「文化大革命」中，造像全部被砸毀埋掉，原有 20 餘通碑刻小部分被破壞，大部分被做房基石，現在寺院遺址已成耕地。保存至今的是該寺唯一一通唐代碑刻——光業寺碑，又稱「大唐帝陵光業寺大佛堂之碑」。現存於隆堯縣碑刻館，是河北省重點保護文物。

（三）光業寺碑

　　光業寺碑，是大唐帝陵附屬建築光業寺之遺物，刻於唐開元十三年（725 年）。1965 年被趙孟村農民將石碑砸成數塊運回村內，壘在學校牆下。1980 年，隆堯縣文物保管所將殘碑 12 塊，（現在仍缺少一塊，不能復原）運回文物保管所保存。該碑屬河北省重點文物保護單位。

　　光業寺碑通身高 4.45 公尺，寬 1.45 公尺，厚 0.44 公尺，碑身為八楞形龜趺座，碑首呈半圓形，浮雕纏尾雙龍圖案。碑額圭形佛龕，龕內一佛二菩薩，龕旁刻有「皇帝供養」和「皇后供養」，碑陽中上方刻陰文行書「大唐帝陵光業寺大佛堂之碑」12 個字。碑文寸行書，由象城（今隆堯縣）縣尉楊晉撰文。碑文記載了唐玄宗李隆基為七、八代祖建陵、建寺經過。

　　光業寺碑雕刻工藝極精，造型逼真，栩栩如生，大有呼之欲動之感。碑文相傳是唐代著名書法家李邕書丹，但無落款。從碑文的字體風格來看，筆畫遒

勁，筆勢張開，橫筆明顯地向右上方傾斜，結構峭健，出險入神，卻有李邕筆體之感。

光業寺碑是盛唐時期遺物，雕刻精湛，書法藝術很高，對於考證李隆基七、八代祖陵址，有極其重要的歷史、科學、藝術價值。〔註2〕

二、唐太祖李虎永康陵

李虎的葬地《舊唐書》、《新唐書》、《唐會要》等都說是永康陵。永康陵的位置《長安志》、《陝西通志》、《三原縣新志》都說在三原縣，似無疑義。但近聞甘肅省清水縣魯家灣也有一座李虎墓，並有墓碑出土，如果此說屬實無誤，那麼，三原縣之李虎永康陵，可能是唐朝立國後，李淵將其祖父墓從清水縣遷葬於此的。可惜永康陵神道碑早佚，無以為證了。〔註3〕

（一）李虎墓

位於甘肅省天水市清水縣白沙鄉魯家灣村。李虎為唐高祖李淵的祖父，西魏時征援儀同三司，兼任秦州清水本郡太守。死後，於隋大業二年（606年）歸葬於此。墓座落在燙浴河東山台地上。座北向南，北枕邽山，南臨牛頭河。墓現存墓碑和高1公尺的墓冢。1929年掘出墓誌，並於1932年補立「使持節驃騎大將軍慎政公諱李虎之墓」石碑。墓誌銘存於清水縣文化館。為縣級文物保護單位。〔註4〕

（二）永康陵現址

唐高祖李淵祖父李虎葬地，位於三原縣陵前鄉人民政府駐地北一公里。封土成圓錐形，東西長140公尺，南北寬86公尺，高7公尺。目前殘存文物有：華表1個，天祿（又名獨角獸）1個，石獅1個（已調西安碑林博物館展出）。石刻均有明顯初唐藝術特色。

李虎為北魏武將，官至太尉，封隴西郡公。死後追封唐國公。唐武德元年（618），李淵又追尊其為景皇帝，廟號太祖，其墓屬魏墓唐陵。據載，永康陵周圍四十里，置陵令、陵丞、禁民葬。近年在陵北發現了一座陪葬墓——叱羅

〔註2〕董樹仁主編：《隆堯縣志》，北京：三聯書店，1988年，第三十九編，文物勝蹟，頁842～843。
〔註3〕鞏啟明：〈唐永康陵調查記〉，《文博》，1998年5期。
〔註4〕中國國家文物局編：《中國歷史文化名城詞典》，上海辭書出版社，2000年，三編，天水，頁709～710。

墓（李虎夫人墓）。叱羅墓誌銘對辯證李虎墓的真偽，提供可靠佐證。〔註5〕

三、唐世祖李昞興寧陵

唐興寧陵，是唐高祖李淵的父親李昞之墓，積土為冢，位於陝西省咸陽市渭城區正陽鎮後排村北，北依漢高祖長陵，南臨渭水。西南距咸陽市區 10 公里，周圍為廣闊的農田。東鄰渭水發電廠，視野開闊，可望秦嶺，咸銅鐵路橫貫東西。

興寧陵地處涇渭之交的五陵塬上一級台塬上，海拔高度 420～450 公尺，地勢平坦。

李昞是唐高祖李淵的父親，李昞的父親名李虎，為北周八柱國之一，封唐國公。李虎死，李昞襲封唐公，為北周安州總管、柱國大將軍。《舊唐書·高祖本紀》載：「皇考諱昞，周安州總管，柱國大將軍，襲唐國公，謚曰仁。武德初，追尊元皇帝，廟號世祖，陵曰興寧。」又根據《新唐書·高祖本紀》校勘記，唐高祖李淵以北周天和元年（566）生於長安，7 歲襲唐國公，為建德元年，所以李昞當是建德元年（572）死，葬於咸陽。唐武德元年（618）追謚為元皇帝，李昞終於周，並未入隋。

興寧陵除封土外，陵園範圍均為耕地，陵距二道塬邊約 0.5 公里，位於漢高祖長陵西南土塬下，西距秦咸陽宮一號建築遺址約 2.5 公里，東南距今傳西漢戚夫人墓 1 公里許。隔渭水與唐長安相望。

興寧陵現存封土圓形，底部直徑 13 公尺，高約 5 公尺，封土南墓道口塌陷成長 6 公尺、深約 4 公尺的橢圓形坑。封土南面約 300 公尺外石雕兩排，從南向北計有天祿（俗稱獨角獸）2 個、鞍馬 4 個，獅 2 個，均兩兩對稱。據當地人介紹石馬與石獅之間塬有石人三對亦是倆倆對稱，現已埋入深土層中。陵冢與石刻不在一條中軸線上。

興寧陵作為非帝王陵墓不僅工程浩大，規劃嚴謹，而且陪葬石刻精美細緻，作為北周、隋唐時期的珍貴歷史文化遺產，興寧陵具有極其重要的歷史、科學、藝術價值。

興寧陵選址在渭水北岸的二級台塬上，按古代的風水思想為座北朝南，從陵墓、陵廟以及石刻的建築材料、建築藝術、地面夯打、排水設施、基礎處理、封土堆積等，均有較高的建築科學價值。

〔註5〕2000 年修《三原縣志》，陝西人民出版社，第二十九篇，《文物》，頁 944。

　　興寧陵石刻雖然品類不全，但造型古樸生動，線條舒暢，尤其追求逼真寫實感，反映了唐藝術的一大特點。對「唐十八陵」有明顯的影響，整個佈局排列有序，為後來各陵仿效。〔註6〕

興寧陵平面示意圖

《陝西帝陵檔案》，頁 278。

四、唐關中十八陵概述

　　唐十八陵分佈在關中的六個縣，自西而東為乾縣（唐高宗和武則天乾陵、唐僖宗靖陵）、醴泉（唐肅建陵、唐太宗昭陵）、涇陽（唐宣宗貞陵、唐德宗崇

〔註6〕陝西省文物局西安文物保護修護中心編：《陝西帝陵檔案》，三秦出版社，210年，第七章、唐代帝陵，頁 277～281；〈唐興寧陵調查記〉，《文物》，1985年3期。

陵）、三原（唐敬宗莊陵、唐武宗端陵、唐高祖獻陵）、富平（唐懿宗簡陵、唐代宗元陵、唐文宗章陵、唐中宗定陵、唐順宗豐陵）、蒲城（唐睿宗橋陵、唐憲宗景陵、唐穆宗光陵、唐玄宗泰陵）。陝西省文物管理委員會自 1953 年起，多次組織調查，重點勘測了乾陵、橋陵和建陵。陝西省考古研究所於 1962 年 3 月勘測了武則天之母楊氏的順陵。

唐十八陵中除獻、端、莊、靖四陵因距山稍遠，依土原為陵而外，其餘各陵都構築在山上。唐太宗昭陵的構築，開創了唐代帝王「依山為陵」的制度，同時形成了在陵園附近闢陪葬區，由皇族和文武勛臣陪葬的制度。昭陵東南方分佈的陪葬墓達二百餘座，反映了「主尊臣貴」的封建等級思想。

陵園的平面佈局，自乾陵開始形成定制。前陵陵園有內外兩重城，四面設門，南門有三道，第一道在山腳下，第二道即外城牆南門，第三道門即內城牆南門。除四門各有一對石獅，北門有三對石馬外，其餘石刻群都分佈在南門第二、三道之間的中軸線兩側，計有：華表一對、翼馬一對、鴕鳥一對、石馬（及牽馬人）五對、石人十對。這種平面佈局顯然是模仿唐長安城，體現了封建專制主義中央集權的思想。

自乾陵以後，石刻群的組合也固定了。乾陵石刻群包括以下六類：1. 象徵守衛的（獅、值閣將軍）；2. 象徵儀仗的（馬和牽馬人）；3. 反映神話傳說的（翼馬和北門六馬）；4. 反映中外文化交流的（中外王賓像、鴕鳥）；5. 標明陵墓位置的（華表）；6. 碑石（無字碑和述聖記碑）。乾陵以後，橋陵、泰陵、建陵、景陵、光陵、莊陵、章陵、貞陵完全模仿乾陵。定陵、端陵也仿照乾陵，組合類同，但儀仗類中件數不同。元陵、豐陵、簡陵、靖陵等石刻殘破較甚，件數無法統計。

唐十八陵的石刻是中國古代雕塑藝術的寶庫。獻陵石犀、昭陵六駿、乾陵的翼馬、石人，橋陵、泰陵的石獅以及順陵的獨角獸等，堪稱唐代石刻的精華。考古工作者在勘測過程中，曾發現少數石匠的題名，如獻陵的石犀上有「武德十年九月十一日石匠小湯二記」，乾陵隧道的填石中有石匠的人名「焦才」、「常黃」、「常惠」、「常則」、「高便文」、「賀惲貝」、「王積」、「左亭曾」等。正是這些名不載史冊的石匠們創造了這批彌足珍貴的石刻傑作。〔註 7〕

〔註 7〕賀梓城：〈關中唐十八陵調查記〉，《文物資料叢刊》，1980 年 3 輯；劉慶柱、李毓芳：〈陝西唐陵調查報告〉，《考古學集刊》，1987 年 5 輯；《考古文物工作三十年》，頁 134。

五、唐高祖李淵獻陵

唐高祖獻陵在三原縣徐木鄉永和村，是唐代開國皇帝李淵的陵墓。《舊唐書・太宗本紀》載：「貞觀九年（635 年）冬十月庚寅葬高祖太武皇帝於獻陵。」

據考，獻陵陵冢基本保留了原來的面貌。陵冢呈覆斗形，高約 20 公尺，東西長約 150 公尺，南北寬約 120 公尺。完全為夯土築起，層次顯明，每層一般厚 15 公分左右。

獻陵寢宮建築早已焚毀。史載，唐憲宗元和十年（815 年）十一月，農民軍的烈火曾焚毀獻陵。北宋時曾略加修建。陵前飾有大型的華表、石犀，特別是石虎、石犀，體態雄健。沉毅昂揚，除其中一石犀、石虎移入西安碑林博物館石刻室外，其他均尚置墓前。

獻陵的陪葬墓，據《長安志》載為 23 座，其中諸王墓 16 座，公主墓 1 座，大臣墓 6 座。現已發掘的和有墓碑者，計有李鳳、李神通、李孝同、臧懷恪、樊興等，其他的名位難以考定。

獻陵為關中唐 18 陵之首，其陵園建築高大、雄偉，成為以後唐代諸陵的楷模。〔註 8〕

六、唐太宗李世民昭陵

唐太宗李世民與長孫皇后的合葬墓，面積 2 萬公煩，周長 60 公里。因山為陵，鑿建於醴泉縣東北的九嵕山，遠望群山拱衛，一峰突起，形勢天成。據載，陵區「峰內一百二十里」，規模宏大。今於陵域內發現祭壇、獻殿、陵園玄武門、朱雀門及下宮遺址；陵南側西側呈扇形分佈有陪葬墓封土 200 餘座，其中韋貴妃、李勣、尉遲敬德、程知節、鄭仁泰、阿史那忠、長樂公主等 40 座陪葬墓經發掘，出土有精美的壁畫，三彩器及大批人物、動物俑等。祭壇及附近原有著名的昭陵六駿、十四國君長像等眾多石刻，其中「六駿」中的「颯露紫」和「拳毛騧」於 1914 年被盜運出境，現藏美國費城賓夕法尼亞大學博物館；其餘四駿現陳列於西安碑林。

1961 年公佈為全國重點文物保護單位。1979 年設立昭陵博物館。〔註 9〕

昭陵是由唐代著名建築工程學家閻立德設計陵園藍圖並負責監工進行營

〔註 8〕 《陝西省志・文物志》，西安：三秦出版社，1995 年，頁 106；鞏啟明：〈唐獻陵踏查記〉，《文博》，1999 年 1 期。
〔註 9〕 《中國文物地圖集・陝西分冊》，西安地圖出版社，1998 年，頁 446～447。

造的。其規模宏大，佈局天成。始建於貞觀十年（636年），首葬文德皇后至貞觀二十三年（649年）太宗李世民駕崩，營建工程歷時十三年，陵周築有城垣，南朱雀、北司馬門。山陵南有獻殿，北有祭壇。西南面有陵下宮，繞山腰鑿架棧道，陵巔建有「神遊殿。」

為了全面了解唐昭陵北司馬門遺址的佈局和遺蹟結構，並為制定遺址的科學保護方案提供翔實的依據。2002年陝西省考古研究所對遺址進行了清理和發掘，經2002年度和2003年度兩年的發掘，發掘面積總計5100多平方公尺。揭露建築遺蹟主要為唐代和清代兩個時期。唐代遺蹟清理的範圍南北約86公尺，東西最寬處61公尺。全遺蹟以兩闕間中線為軸對稱，並以門庭為界，分門內外兩部分。大門以外（以北）遺蹟有：最北部東西對稱的雙闕和雙闕後的長條形房址，兩側接分土圍牆。大門以內（以南）西部遺存自北向南的有：門庭西南的條形房址和其後部方形房址，最南端的長廊遺址。出土的遺物以唐代及明清建築構件為中心，並有唐代石刻殘塊和明清祭祀碑8通。唐代建築構件有長方形磚、方筒瓦、板瓦、各種紋樣與規格的瓦當、鴟尾、獸頭脊頭磚等種類。石刻為十四蕃君和昭陵六駿殘塊。

唐昭陵北司馬門遺址是唐代帝陵陵園建築遺址中首次發掘的一組完整建築群，總體佈局較為清楚，整組建築依地勢而建，由北向南逐漸升高，外圈有圍牆環繞，嚴密緊湊。通過發掘對於一些建築的結構和功能有了新認識。出土的石刻文物如十四君長和昭陵六駿殘塊在美術史上有重要意義。〔註10〕

七、昭陵地宮

唐太宗昭陵寢宮佈局露端倪

做為中國全面鑽探調查的第一座唐代帝陵的寢宮遺址，考古學家在陝西省考古研究所舉行的2005年考古工作匯報會上認為，唐昭陵寢宮的宮城平面佈局已基本清楚，為研究唐代帝陵陵園制度提供了重要資料。

陝西省考古研究所副研究員張博說，考古人員對昭陵寢宮遺址進行了全面的考古鑽探，與此同時，還與德國美因茲博物館合作，用測地雷達和磁力探測儀對遺址進行了探測，結果基本吻合。

經調查，寢宮的宮城呈長方形，外圍有近3公尺厚的城牆，其東西寬達

〔註10〕CCTV—歷史頻道—2004年度中國十大考古新發現，張建林：〈陝西唐昭陵北司馬門遺址〉，陝西省考古研究所。

238、南北總長 301 公尺，宮城內距北牆達 47 公尺處有一道城牆使北部形成一個夾城。夾城內址有一處面積很小的建築遺蹟，大部分建築遺蹟分佈在南側的宮城內。宮城內的建築由南到北共有 3 組，基本呈中軸線對稱的建築格局，3 組建築兩邊都連接有長條狀建築基址。

張博說，宮城內最北端的建築形狀近似不規則的「凸」字形，最南端的基本呈啞鈴狀，中間為東西向的長條建築，其東西長 73、南北寬 15 公尺。在東廊的東邊顯示出一座用圍牆圍起的小院落，西邊則是一座面積較大的長方形建築。位於南、北組建築中間的，則是一處面積較大的建築遺蹟，其東西長 59、南北寬 38 公尺。它和南端的一組建築以及兩邊的長條狀建築，共同圍成了一個東西長 71、南北寬 44 公尺的大型長方形廣場，廣場上普遍存在較堅硬的踩踏面。

唐昭陵是唐太宗李世民的陵園，寢宮是按照「事死如事生」精神，建築在山上供奉太宗靈魂的建築，後世皇帝謁陵祭拜時就在寢宮。根據考古發現，昭陵的寢宮是目前所見的第一例寢宮遺址。昭陵寢宮曾受過火災，遂有移到山下之議論，於是後世所建的寢宮便命名為「下宮」，乾陵等陵園便有下宮遺址。

阿史那忠墓位於醴泉縣烟霞公社西周村西邊約 300 公尺處，是唐太宗李世民昭陵的陪葬墓之一，西北距九嵕山——太宗陵約 3.5 公里。地面有殘缺的封土堆和兩通石碑。一通為原立神道碑，下部被淤土埋沒，碑頭為六螭首，圭面篆刻「大唐故右驍衛大將軍薛國貞公阿史那府君之碑」。另一通為清·畢沅所立，上刻「唐贈鎮國大將軍薛國公阿史那忠之墓」。墓由斜坡墓道（包括墓道口、五個過洞和五個天井）、甬道和墓室三部分組成。第四天井下有小龕兩個，第一、二、三過洞，甬道和墓室均為磚結構（磚長 32、寬 15、厚 6 公分），但因盜墓者破壞，墓室和甬道頂全塌陷，唯過洞券磚保存完好。墓的方向基本為正南北。全墓南北水平距離長 55 公尺，其中墓道口長 19、寬 2.7～3.15 公尺，墓室近正方形，每邊寬 3.7 公尺，墓室底距現在地平面深約 12.7 公尺。

墓室西側有磚砌棺床，長 3、寬 2.1、高 0.3 公尺，東側尚有磚刻壺門。清理墓室時，僅發現長鐵釘，未見人骨，葬式不明。

這墓保存下來的壁畫篇幅較多，題材係反映唐代封建統治階級上層人物生前的身分和生活。壁畫中的人像一般，身形都比較修長清秀，衣紋疏放生動，風格近似唐總章元年李爽墓壁畫中的人物，不同於唐神龍元年韋洞墓壁畫中的穠麗豐肥的人像。阿史那忠死於唐高宗上元二年，故這批壁畫的出土，為研

究中國唐代早期社會中的階級關係和繪畫藝術提供新資料。〔註11〕

八、唐高宗乾陵

乾陵位於陝西省乾縣西北六公里之梁山，是唐高宗與武后合葬的地方，距西安八十公里，地當陝甘要衝。出乾縣城北門轉向西北約一公里半的張家堡，有高達 8 公尺的土闕二，是乾陵第一道門前建築遺址，也是「御道」的起點（本地群眾叫雁門嘴），向北即是「御道」，受風雨沖刷形成大小不同的深溝。北行三公里為南二峰，各高約 40 公尺，其上有 15 公尺高的土闕，上部還保留一段磚牆。據《長安圖志》載：左側有狄仁傑以下六十人畫像祠堂，現存一些破磚碎瓦；土闕的中間留有些瓦礫是第二道門遺址。梁山是個圓錐形的石灰岩山，山巔分為三，北峰最高即乾陵，南二峰較低左右對峙，山的周圍為耕種作物的台地，山後群嶺重疊南面為關中平原，西面緊靠黃巢渠溝，周圍環境極優美。

乾陵石刻是中國古代雕刻的珍寶，但它也和其他文物一樣過去遭到嚴重的破壞，加以年代久還有的石刻被埋在地下，或企斜、移動原位，歷來未得到妥善保護，常期經受風雨的剝蝕。1949 年後中國政府為了保護這一批具有歷史價值的文物，於 1957 年曾撥款加以修復，對石刻倒臥者豎立、傾斜者扶正、殘缺者尋覓補齊，華表、飛馬、石獅、述聖記碑等都依原位恢復起來，使一千餘年的文物古蹟和石刻藝術得到妥善的保護。

陝西省文管會為了進一步作好保護工作於 1958 年 12 月派楊正興先生前往乾縣進行勘查，經一個多月的時間，找出了乾陵隧道，了解了墓門的內部情況，同時也勘查出乾陵的內城全部範圍。〔註12〕

乾陵是唐代「因山治陵」並「表南山之顛以為闕」的典範。陵園為夯築城垣，平面略呈方形，邊長 1438～1528 公尺；四面各闢一門，外置石獅、闕台各 1 對；南門外為神道，前有乳峰雙闕（乳台）和鵲台 1 對。神道上自南而北依次列置華表、翼獸、鴕鳥、仗馬、翁仲、無字碑、述聖記碑及六十一王賓像等石刻造像，其數量、規模居唐陵之冠，組合形式成為以後諸陵之定制。陵園南門內有獻殿遺址；西南發現下宮遺址；東南為陪葬墓區，存封土 17 座，已

〔註11〕 陝西省文物管理委員會、醴泉縣昭陵文管所：〈唐阿史那忠墓發掘簡報〉，《考古》，1997 年第 2 期。
〔註12〕 陝西省文物管理委員會：〈唐乾陵勘察記〉，《文物》，1960 年 4 期。

發掘永泰公主、章懷太子、懿德太子墓等 5 座。諸墓內壁畫時代氣息濃鬱，石門和石椁線刻精美，三彩器造型生動，體現了盛唐文化的特徵。1978 年設立乾陵博物館。〔註13〕

據《新華網》報導，陝西省考古工作者在唐乾陵考古工作上於日前獲得重大進展，這座葬有唐朝唐高宗與武則天的下宮遺址佈局，已逐步展露「真容」。文物工作者推算，由於當時正逢唐朝盛世，在唐乾陵裡面的珍貴文物最少有五百噸重！

做為中國唯一的兩個皇帝的合葬墓，位於西安西北八十公里乾縣的唐乾陵聞名遐邇。陝西省考古工作者日前對唐乾陵考古取得重大進展，下宮遺址的佈局已逐步呈現。

據指出，唐乾陵鑿山建穴，規模宏大，是唐高宗李治和大周皇帝武則天的合葬陵園，也是中國唯一沒被盜掘過的唐代帝王陵墓，被譽為「唐陵之冠」。

乾陵下宮是古時墓葬前的寢殿演變而來，主要供奉墓主靈魂，後人多於此進行祭拜。最新調查顯示，乾陵下宮遺址規模巨大，發現有內外兩重夯築的城牆，外城垣平面呈方形，四邊均長達三百八十公尺左右；同時在內城及內外城之間，還發現多處建築夯土遺跡，為研究唐代帝陵的陵園制度提供了第一手實物資料。

陝西省考古研究所名譽所長石興邦說，現在至少能推斷出墓裡七成的埋葬品。唐高宗和武則天在世時，正處於唐朝最繁盛的時期。在埋葬唐高宗時，隨葬品的價值就佔了全國財政的三分之一。之後武則天駕崩，全國三分之一的金銀珠寶又被帶進了乾陵。〔註14〕

九、武則天母楊氏順陵

武則天母楊氏之墓，位於咸陽市東北 18 公里的陳家村南。楊氏初以太原王妃禮葬，武則天稱帝後，號為「明義陵」，旋改「順陵」。陵園為內、外兩重建制，略呈長方形。內城邊長 282～294 公尺，正南闢一門，外設雙闕；封土居中偏北處，呈覆斗形，底邊長 48.5 公尺，高 12.6 公尺。外城未發現牆垣遺跡，僅在以封土為軸心的四方各置石獅 1 對，以像四門，東西相距約 770 公尺，南北約 960 公尺；外城南設乳台 1 對，間距約 50 公尺。內城神道與

〔註13〕《中國文物地圖集‧陝西分冊》，頁 449。
〔註14〕《中時電子報》，2007 年 1 月 16 日，記者白德華報導。

外城神道均置有石刻造像，連同門獅尚存 34 件，完整者有翼馬（天祿）、仗馬、獅、羊、翁仲等。尤以南門走獅和翼馬體型龐大，雕刻生動，氣勢磅礴，為唐代陵前石刻藝術的珍品。〔註 15〕

十、唐中宗定陵

李顯（656～710）唐高宗李治第七子，弘道元年（683）即帝位。未兩月，被其母武則天廢為廬陵王。神龍元年（705）復即帝位。景龍四年（710），被皇后韋氏、女安樂公主毒死，諡號中宗，葬於定陵，在今富平縣宮里鄉鳳凰山中峰。陵園南北約 3 公里，東西約 4 公里，周長約 10 公里。歷代屢遭破壞盜掘，「文化大革命」後，僅存石獅、石人各 1 尊。節愍太子李重俊（中宗第三子）祔葬定陵，墓在宮里鄉南陵村劉北堡西北。塚高 2.6 公尺，周長 136 公尺。現存石獅、石人各 1 尊。〔註 16〕

十一、唐睿宗李旦橋陵

唐橋陵位於蒲城縣西北 15 公里西賈家村村北約 1 公里之豐山，是唐睿宗李旦之墓。陵前立隸書「唐睿宗橋陵」石碑；右書：「賜進士及第兵部侍郎陝西兼督察院附都御史加五級畢沅謹書」；左書：「大清乾隆歲次丙申孟秋知蒲城縣事馮方鄴立石碑」。豐山是座石灰岩山，正峰勢險，而峰頂略平，當地農民習稱四方台，或稱唐陵山。山之東北，群巒重疊，山前一片平野。

橋陵建制，大體與乾陵相仿，在山腹中鑿造玄宮（墓室）。陵四周繞築陵牆。陵牆四面各開一門，門前兩側有門闕和石刻。陵四隅各有角闕。南門門前有廣闊的神道，南起首道門闕，向北至二道門闕，全長 625 公尺，寬 110 公尺。神道東西兩側簇立著雕琢精美而宏偉的石刻，有石華表、石獬豸、石鴕鳥、石馬和石人等。陵牆南門外兩側有面南的石蹲獅一對。北門外有石馬和石蹲獅。東、西兩門外也各有石蹲獅一對。下宮位於陵前 1.5 公里處。諸陪塚皆在陵東南。陵園地面建築雖已蕩然不存，然從現存的遺蹟仍可看出，陵園佈局勻稱，加上環境的襯托，氣勢頗為宏偉。杜甫在他的詩中曾描述過當時的橋陵景像。詩人或有誇張，但卻也反映了橋陵規模的概貌。

史載，橋陵曾有過數次修葺。唐德宗貞元十四年（公元 798 年），大修諸先帝陵，橋陵增建房屋達百四十間。清乾隆四十年（公元 1775 年），築城

〔註 15〕陝西省考古究所，王世和執筆：〈唐順陵勘察記〉，《文物》，1964 年 1 期。
〔註 16〕1994 年修《富平縣志》，西安：三秦出版社，第四章、古墓葬、帝王陵，頁 755。

垣百丈。

墓道（全長 70、東西寬 3.78 公尺）開鑿於豐山正峰東坡半腰上，深入山腹，與神道並不端對，略偏於東。〔註 17〕

橋陵因山為陵，玄宮鑿建於山南麓；羨道伸入山腹約 20 公尺，以條石封固，陵園平面略呈方形，周長 13.32 公里；四面各闢一門，外置石獅、闕台各一對。南門外設神道，前有乳台一對。神道自南而北依次列置華表、獬豸（翼獸）、鴕鳥各 1 對，仗馬 5 對，翁仲 10 對，總計 36 件，且大都完好，為唐陵神道石刻存留最完整者；雕刻亦甚精湛、生動，極富盛唐氣韻。陵西南有下宮遺址；東南為陪葬墓區，存封土 9 座、墓碑 5 通。其中李邕（北海）撰書的「雲麾將軍碑」，書體自然，妍麗，為世所推崇。1988 年公佈為全國重點文物保護單位。〔註 18〕

橋陵是唐朝第四代第五位皇帝唐睿宗李旦的陵寢。李旦是高宗李治和武則天的第四子，唐玄宗李隆基的父親。先後三次登基，在位 8 年，雖無建樹，但能洞察形勢，在險惡的政治鬥爭中急流湧退，三讓天下：一讓母親武則天，二讓兄長李顯，三讓兒子李隆基，保全了自己，締造了中國唯一的女皇和唐明皇兩位君主，為唐開元盛世奠定了堅實的基礎。

橋陵建於唐玄宗開元四年（公元 716 年），屬全國重點文物保護單位，是關中唐十八陵氣勢最大的陵墓，陵墓位於蒲城縣城西北 15 公里的豐山。以山為陵，在山腹開鑿地下寢宮，四面設門，陵園佔地面積達 8.5 平方公里，陵區群山有「三山九峰一平台」的宏大氣勢，四門遺址及地面石刻基本完整，尤其是南神道兩側石刻群，氣勢磅礴，奧妙無窮，彰顯了盛唐輝煌，有「甲天下」之美譽。是中國封建社會最鼎盛時期的遺存代表，屬中國國家考古遺址公園，被譽為「露天博物館」，是陝西東線旅遊的重要組成部分，是「中國最恢宏的十大帝王陵墓」之一，是獨具真實反應盛唐政治、經濟、文化的縮影。〔註 19〕

這裡峰巒起伏，溝壑縱橫，形成各自獨立的山頭。豐山據記載叫金幟山，亦稱金粟山和蘇愚山。當地人們依其展翅欲飛的天然形勢，稱它為鳳凰山。《舊唐書・玄宗本紀》載開元四年十月「庚午葬睿宗大聖貞皇帝於橋陵……。」保存與保護橋陵及其地面文物，對研究中國盛唐時期的物質文化

〔註 17〕 王世和、樓宇棟：〈唐橋陵勘查記〉，《考古與文物》，1980 年 4 期。
〔註 18〕 《中國文物地圖書・陝西分冊》，頁 453。
〔註 19〕 武娜、仝紅林：〈中國橋陵〉，陝西天鷹文化藝術傳播有限公司，廣告。

有著極其重要的意義。

橋陵的陵園包括整個鳳凰山，南牆長 2,871 公尺，西牆長 2,836 公尺，北牆東至 2,433 公尺處為溝壑所斷，距西北角樓遺址約 450 公尺，情況不明。東牆全長 2,303 公尺，由北向南至 903 公尺，沿山勢向西折進 427 公尺，再南至東門，直通東南角樓遺址。整個平面呈一規矩的刀把形。方向北偏東 2 度。總面積 8,527,737 平方公尺，較已探知的乾陵、順陵都要大。圓牆係平夯，夯層厚 6～10 公分。牆身寬 1.3 公尺，基寬 3 公尺。沿園牆四周踏查，夯土若隱若顯，不少發現白灰牆板表塗有朱色，有些地方仍在牆上。據此知陵園牆面原係朱色。〔註20〕

唐代為帝王選定陵園，大多倚山為陵。蒲城北部山脈自西而東有橋陵、景陵、光陵、泰陵和地處平原的惠陵，合稱「唐五陵」。

橋陵依山腹開鑿墓室，在地面繞山勢築城。城四面各設門闕：前朱雀門（位於坡頭鄉安王村），後玄武門，位於今坡頭鄉東山獅子懷村北；左青龍門，位於今三合鄉趙家山村西；右白虎門，位於今坡頭鄉東山黨窯村北。門前兩側均有石刻和門闕，陵牆四隅各有角闕。陵前原有浩泉，明末乾涸。陵主唐睿宗李旦，卒於開元四年（716）六月，冬十月葬於橋陵。封內 20 平方公里，設施比較崇厚，地面原有獻殿、闕樓及陵署、下宮等建築物。隨著時光流逝，當年的房屋均蕩然無存，但尚留有高大的土闕及陵牆等遺蹟。朱雀門內獻殿遺址附近，立有「唐睿宗橋陵」石碑，係清乾隆時陝西巡撫畢沅隸書。尤其是地面現存的巨大石刻群，可以窺知橋陵原貌之雄偉。

橋陵石刻與乾陵石刻大同小異，但形體更為高大、精美，富於寫實性。朱雀門外的石刻群，排列在長 625 公尺、寬 110 公尺的神道兩側，雖經千年風雨，但大多仍然完整清晰，神采奕奕。其中有的精品，早為中外專家所讚賞。1982 年 8 月，國家文物局顧問單士元教授，在視察橋陵後激動地說：「在我有生之年，能看到這樣好的石刻藝術，真是莫大榮幸！」又說：「這些石刻經過千年風雨，仍然栩栩如生，這在國內是罕見的。人常說『桂林山水甲天下』，我看橋陵的石刻藝術，也算得甲天下了！」

朱雀門外神道兩側的石刻，由南往北依次為：

（1）華表

又名「望柱」，原為 1 對，現存西邊完整者 1 座。通高 8.64 公尺，由座、

〔註20〕陝西省文物管理委員會：〈唐橋陵調查簡報〉，《文物》，1966 年第 1 期。

身、頂三部分組成。座為方形，上雕有覆蓮 12 瓣。柱身為八棱形，線雕纏枝卷葉紋及各種樣禽瑞獸圖案。柱頂為仰蓮承桃。基座有神獸、花草線刻。東邊的 1 座已倒塌殘缺，僅存柱頂、柱座。

（2）獬豸

俗稱「獨角獸」，東西各 1 尊。身高約 3 公尺，體形碩壯，怒目露齒，身有雙翼。這樣雄壯的巨大圓雕，在唐十八陵中實屬罕見。東側獬豸基座刻有「富平田氏」4 字。

（3）鴕鳥

東西各 1 尊，係高肉浮雕，刻於高、寬各約 2 公尺的石屏上。鴕鳥矯健的雙腿，立於假山之上，回首貼翼，羽毛豐滿，生動自然。係唐陵石刻中之珍品。

（4）石馬

5 對，身高 1.7 公尺至 2 公尺，身長 2.3 公尺至 2.6 公尺，形態不一鞍韉等裝飾品也各具特色。現在多數頭部損壞。玄武門外還有破殘石馬 3 對。

（5）翁仲

俗稱「石人」，原為 10 對，現在多數完好。身高 3.67 公尺至 4.28 公尺不等，均為值閣將軍裝束。頭戴鶡冠，中飾飛鷹，褒衣博帶，足蹬高頭履，雙手拄劍。面部表情，有的巡視前方，有的低眉含笑，有的面帶隱憂。

（6）石獅

位於朱雀門左右，呈蹲踞狀。高約 2.8 公尺，雌雄分明，形態各異，肌肉豐滿，造型雄偉，堪稱石刻藝術精品。青龍、白虎、玄武門外均有石獅 1 對，其中青龍門回頭望獅尤為生動。

橋陵的石刻藝術，是當時的石雕大師們，繼承和發展漢魏六朝的傳統技藝，又發揮自己的寫實手法和高超技藝，表現出各種石刻的內在精神和生動面貌，給人以質的感覺和美的享受，充分體現盛唐文化藝術高度發展的繁榮景象。

橋陵的陪葬墓均在陵區的東南方向：

（1）肅明劉后和昭成竇后

二人於長壽二年（693）被武則天密殺，招魂葬於洛陽，睿宗死後，又招魂祔葬橋陵。

（2）賢妃王芳媚

天寶四年（745）卒，陪葬橋陵。70 年代發掘出土的墓誌及石槨上的線刻畫，有很高的藝術價值。

（3）申王李撝

睿宗次子。卒於開元十二年（724），冊贈惠莊太子，陪葬橋陵（今三合鄉邢家村耕作區）。

（4）岐王李範

睿宗四子。卒於開元十四年（726），冊贈惠文太子，陪葬橋陵（今坡頭鄉梁家巷耕作區）。

（5）薛王李業

睿宗五子。卒於開元二十二年（734），冊贈惠宣太子，陪葬橋陵（今三合鄉王堯學校東北）。

（6）代國公主李華

睿宗四女，肅明劉后所生，卒於開元二十二年（734）。墓在三合鄉雙廟村西南，墓碑完好。

（7）涼國公主李苑

字華莊，睿宗六女，卒於開元十二年（724）。墓在三合鄉井家村北，墓碑殘斷。

（8）鄎國公主

睿宗七女，卒於開元十三年（725）。墓在三合鄉東賈村東。碑石尚完好，字跡較清晰。

（9）金仙公主

睿宗八女，18 歲出家為道姑，開元二十年（732）卒於洛陽，年 44 歲。後遷葬橋陵（今安王武家村東）。1974 年，因墓塌陷，由陝西省文物管理委員會發掘清理。墓碑尚存。

（10）李思訓

係唐宗室著名畫家，尤擅長山水畫，官至雲麾將軍、右武衛大將軍，卒於開元四年（716），與夫人竇氏陪葬橋陵。墓在三合鄉後泉劉家村東北。「文革」中墓室被挖，出土有金銀器，封土在農田基本建設時被平掉。墓碑尚存，明代知縣李燁然曾修碑樓保護，後毀，中華人民共和國成立後，1957 年縣人委撥款重修。〔註21〕

〔註21〕 1993 年修《蒲城縣志》，北京：中國人事出版社，頁 611～612。

十二、唐玄宗泰陵

位於蒲城縣城東北 15 公里之五龍山餘脈金粟山，陵主李隆基，先天元年（712）即位後，勵精圖治，社會、經濟有所發展，出現史稱「開元之治」的盛世景象。安史之亂後，天寶十五載（756）肅宗李亨即位，李隆基被尊為太上皇。代宗寶應元年（762）卒，廣德元年（763）葬於泰陵，封內 38 平方公里。

泰陵是唐玄宗開元十七年（729）親自選定的。據《大唐新語》卷十載：開元十七年（729），「玄宗嘗謁橋陵，至金粟山，睹崗巒有龍盤鳳翥之勢，謂左右曰：『吾千秋後宜葬此地。』寶應初，追述先旨而置山陵焉。」

泰陵依山為陵，佈局依照長安城，分內外兩城，內城四周各開一門：朱雀門，在今保南鄉唐陵村西約 500 公尺處；玄武門在今上王鄉嶺南村；青龍門在今保南鄉唐陵村東約 400 公尺處；白虎門，在今翔村鄉東山懷村西約 400 公尺處。陵牆四周各留有角闕遺址，當年地面建築今已無存。清乾隆四十一年（1776）陝西巡撫畢沅豎有「唐元宗泰陵」碑。今保南鄉敬母山村東南，有宋開寶六年（973）新修唐玄宗廟碑。

陵園四門均有精緻美觀的石刻，其中朱雀門神道兩側的石刻存量最多，刻工最好，形象逼真，線條流暢，顯示當時的社會風貌和雕刻藝術。

朱雀門神道兩側從南向北，為首的是華表 1 座（西側缺），通高 4.5 公尺，八棱柱身，蓮花底座，頂托寶珠，周身線雕纏枝卷葉花紋。繼而為 1 對天馬，身高 2.4 公尺，身長 2.1 公尺，肚底有雲紋，造型雄偉。鴕鳥 1 對，高 1.45 公尺，寬 1.93 公尺，厚 0.45 公尺，刻於石屏上，羽毛豐滿，體態生動。西側鴕鳥背面有宋代陝西轉運副使游師雄等刻記的「謁玄陵寢」等字樣。鴕鳥之後是石馬，西側現存 1 尊，背面刻有「石馬」二字，東側存 5 尊，高 1.8 公尺，長 1.7 公尺，鬃毛密披，鞍蹬俱全，裝飾各異，昂首前視，神態自若；牽馬人 3 尊，通高 1.5 公尺（無頭）。翁仲 10 對，7 尊較完好，其餘嚴重殘損，身高 2.5 公尺，胸圍 2.1 公尺，東西對列，左文右武，文臣持圭，武將拄劍；武將深目絡鬚，身體魁偉，係北方胡人形像，反映唐玄宗「文用漢，武用胡」的情況。內城近處有石獅 1 對，高 1.6 公尺（不含基座），長 1.2 公尺，寬約 1 公尺，獅隆鼻突目，仰首挺胸，為泰陵石刻中的精品。

白虎、青龍兩門，各有 1 對石獅，完整無缺。門闕遺蹟，清楚可見。

玄武門有石獅、石馬、牽馬人（殘缺不全）各 1 對。附近有公主飲馬池

遺址。

　　泰陵石刻，雖不及乾陵、橋陵石刻高大雄偉，但卻注意各個物體的比例及生理特點，重於寫實，從而給人以親切真實之感，顯示唐代石刻藝術進入成熟穩定的中期。

　　泰陵除元獻楊皇后祔葬外，陪葬者僅內侍監高力士，其墓位於保南鄉山西村西門外，呈覆斗形，高 5.3 公尺，周長 70 公尺。其殘碑原存上半部，下半部於 1971 年發現，受到歷史界關注。全碑現存縣博物館。〔註22〕

十三、唐讓皇帝惠陵

　　位於蒲城縣三合鄉三合村東，當地人稱「兄讓冢」。陵主李憲，係唐睿宗李旦長子。文明元年（684）立為皇太子。後以三弟李隆基平韋后之亂有功，讓太子位於李隆基。開元七年（719）被封為寧王。二十九年（714）卒，與憲妃元氏陪葬橋陵旁，號其墓曰「惠陵」。玄宗李隆基「以憲實推天下，有高世之行，非大號不稱，乃追諡讓皇帝」，「及斂，出天子服一稱。……贈妃元氏為恭皇后」（見《新唐書・讓皇帝傳》）。據《新唐書・代宗本紀》載：寶應元年建寅月丙戌（762 年 11 月 11 日），「盜發敬陵（唐玄宗武惠妃陵）、惠陵。」宋開寶六年（973），太祖下詔修葺歷代帝陵，惠陵亦經整修。清乾隆四十一年（1776），陝西巡撫畢沅修葺境內古蹟，命蒲城縣令馮方鄴建城垣 80 丈，並於陵前豎「唐讓帝惠陵」碑。《長安志》載：「陵在封陽鄉（今興鎮、坡頭、三合鄉一帶），封內十里。」現在計長 150 公尺，寬 90 公尺。其陵墓呈覆斗形狀，座北向南，封土高約 14 公尺，底部周長 80 公尺。當年陵園有華表、天馬各 1 對，石獅 4 對，石馬 5 對，翁仲 10 對。中華人民共和國成立後，尚存石獅、石馬各 1 對。「文化大革命」後，僅存西側石馬殘身，1982 年埋入地下。東側地下埋有斷為三截的華表。

　　朱雀、玄武門外各有土闕遺址，高約 7 公尺，東西並列，周圍尚留有不少唐瓦碎片。陵牆係夯土而成，牆基寬約 2 公尺，陵園建築遺址尚存。其中：東南側 200 公尺處，殿基遺址明顯，夯土層東西寬約 100 公尺，長約 150 公尺，唐代磚瓦碎片甚多。惠陵周圍曾廣植翠柏，俗稱「柏城」，民國初年尚存百餘株，合圍者居多，群眾稱為「雲柏」，20 年代陸續被伐。

　　惠陵陪葬墓有鄭王李筠、嗣寧王李琳和蔡國公主。墓冢多被夷平，暫無法

〔註22〕1993 年修《蒲城縣志》，文物古蹟，頁 613～614。

肯定墓址。惠陵係橋陵主要陪葬墓。〔註23〕

惠陵距西安 100 公里。據《蒲城縣志》載：「惠陵在縣西北八里封陽鄉，封內十里，俗為兄讓冢。」

惠陵周圍為一片平野，桑渠川由東往西延伸。背後峰巒透迤，蒼翠似屏，唐十八陵之一的憲宗李純景陵與其遙相對峙；前方右側則有漫水瀅瀅，惠陵以它巨大的青冢橫於蒼穹之間，整個氣勢蔚為壯觀。惠陵座北向南，呈圓椎形，高約 14 公尺，底座直徑約 81 公尺，完整無損。陵園周圍當時曾有兩層圍牆及闕閣，中華人民共和國成立初角闕及內城垣殘跡尚存，內城垣呈長方形南北大約 1000 公尺，東西寬約 800 公尺，面積約 80 萬平方公尺。南門外及北門外原存土闕遺址高約 7 公尺，東西並列，周圍佈滿磚瓦殘片，陵牆係夯土築成，牆基寬約 2 公尺。當時陵園的內外有許多建築物，大多集中於陵前兩側，其中東南側 200 公尺處獻殿遺址尚明顯，夯土層東西寬約 100 餘公尺，長約 150 公尺，歷歷在目，唐殘磚碎瓦，脊飾及殘鴟尾俯拾即是。下宮在陵前西南部 400 公尺處，中華人民共和國成立前殿基猶存，規模赫然，現該處還常有磚瓦等建築材料出土。陵園內的大型石雕群，基本集中在陵前司馬道兩側，過去有華表、天馬、朱雀各一對，馬五對，人十對，基本依其它帝陵體制，惟形體較小。惠陵石刻，1958 年曾存石獅、石馬數件。現封土前 200 公尺司馬道西側僅留殘馬身一具，長約 1.5 公尺，腰圍 2.5 公尺。

惠陵的陪葬者據《蒲城縣志》等書記載有元氏恭皇后、同安郡王珣嗣寧王琳等，惜史書對數冢記載大多出入，加之墓碑封土均早毀佚，令人無從考據，故名位無從確定。

惠陵從營建迄今達一千二百餘年，歷經滄桑，幾經盜掘、焚毀和修葺。據《新唐書·代宗本紀》載：「寶應元年（公元 762 年）建寅丙戌盜發敬陵、惠陵。」《五代史·溫韜傳》又載：韜為耀州節度史時，「唐諸陵在境內者，悉發之，取所藏金銀。」史載惠陵曾有過數次修葺，宋太祖開寶六年（公元 973 年）下詔修葺歷代帝王陵墓，蒲城所屬唐睿宗李旦橋陵、玄宗李隆基泰陵、憲宗李純景陵、穆宗李恒光陵及讓皇帝惠陵均大規模修建，現泰、景二陵重修下宮碑完整存立，其它三陵重修碑銘已被毀。但從現存的泰、景二陵重修碑銘，仍可從側面推測惠陵修葺後的輝煌宏大外觀。1963 年，橋陵諸陪冢及惠陵被確定為陝西省重點文物保護單位，1971 年後，蒲城縣在當地成立

〔註23〕 1993 年修《蒲城縣志》，頁 613。

了群眾性的保護小組。〔註 24〕

十四、唐肅宗建陵

　　建陵是唐肅宗李亨的陵墓，位於陝西省醴泉縣以北 15 公里的建陵鄉涼馬村武將山。東與九嵕山唐太宗的昭陵遙相對峙，西望梁山唐高宗與武則天合葬的乾陵，南邊山麓是層層的梯田和一望無際的沃野，北面群山叠障，依山為陵，形勢壯闊。據《舊唐書·肅宗本紀》：寶應二年三月（763 年）庚午，葬文明武德大聖大宣孝皇帝（肅宗）於建陵，迄今 1200 餘年，陵墓建築雖已破壞，但陵墓石刻基本上是完整的。陝西省文物管理委員會為了對建陵加強保護和管理，於 1961 年 9 月上旬，由王丕忠、程學華和縣文化館林崗先生，組成工作組，對陵園範圍及陪葬墓進行了實際調查和必要探測；並調正鞏固了原有的保護組織，現將這次調查結果報導於後。

　　據說武將山一帶在唐朝以前，還是整片的森林，自唐太宗埋葬九嵕山後，這裡逐漸開闢，人煙日益增多。由於林木破壞，且山麓坡陡，水土流失就格外嚴重，故建陵南門司馬道一帶，因雨水沖刷，已形成一個深溝。《文獻通考》卷一百二十五說：「貞元十四年，令有司脩葺陵寢，舊宮先因火焚毀，故詔百官詳議，議者多云，舊宮既被焚爇，移就山下，或有議請修舊宮者，上意不不欲移，由是復以山上為定，於是遣左諫議大大平章事崔損完脩八陵，唯建陵不復製造，但脩葺而已……。《歷代陵寢備考》卷三十一載：「憲宗元和十一年正月，盜斬建陵戟門……。」《五代史》卷四十〈溫韜傳〉載：「韜在鎮七年，唐諸陵在其境內者悉獲掘之……」由以上的記載看來，建陵自建成後，屢遭自然和人為的破壞，顯然亦非原來面貌。

　　建陵今日的陵園內有南北兩條大溝，深 100 餘公尺，寬 500 公尺許，將整個南垣牆分成三截。原來南門外石雕中間已被沖刷成深 50 餘公尺，寬近 200 公尺的溝道。這三條大溝在御道南端匯成河道。因之陵園所保存的遺物遺蹟，就不是其他唐陵那樣豐富了。

　　建陵陵園範圍內主要的遺物遺蹟有角樓遺址，各門前的土闕，斷續的夯土和殘碎的磚瓦。〔註 25〕

〔註 24〕王仲謀、陶仲雲執筆：〈唐讓皇帝惠陵〉，《考古與文物》，1985 年 2 期。
〔註 25〕陝西省文物管理委員會，王丕忠、程學華執筆：〈唐建陵探測工作簡報〉，《文物》，1965 年第 7 期。

十五、唐代宗元陵

位於富平縣西北 15 公里的檀山。代宗李豫，肅宗長子，母吳皇后。初封廣平王，名為俶。至德二年（757）率邊軍 20 萬與郭子儀收復長安、洛陽。寶應元年（762）即帝位。大曆十四年（779），代宗死於長安紫宸殿內，在位 17 年，終年 67 歲，葬元陵。

元陵因山為陵，陵區周圍 20 公里。《舊唐書・令狐峘傳》載：「德宗即位後，曾詔立代宗元陵制度，務極優厚，當竭幣藏奉用度。令狐峘諫曰：『秦始皇葬驪山，魚膏為燈燭，水銀為江海，珠寶之藏不可勝計，千載非之。……由是觀之，有德者葬逾薄，無德者葬逾厚，昭然可睹矣。』德宗從之。」由此可見，元陵陵寢建制已大不如先帝，反映了唐自「安史之亂」以後政治、經濟每況愈下的狀況。元陵陵園石刻與建陵相同。現僅存華表一通、石獅兩對、石馬三對，均已殘破。元陵陪葬墓史無載。〔註26〕

中新網西安 2018 年 2 月 7 日電（記者田進）陝西省考古研究院 7 日透露，考古人員對唐元陵的神道石刻及下宮遺址進行了考古發掘和清理，新出土鴕鳥等石刻 27 件，並發現兩座大型建築基址。

陝西省考古研究院副研究員田有前介紹，元陵神道及四門石刻的種類和配置與乾陵相同。石刻原地面保存不多，此次發掘新出土石刻共 27 件，包括南神道石柱 2 件、鴕鳥 1 件、石馬 3 件、牽馬人 2 件、石人 9 件、蕃酋像 2 件、石獅 1 件，北神道石馬 4 件、牽馬人 2 件、石虎 1 件。

「這件背屏式的鴕鳥高浮雕，背面有比較精美的線刻圖案。」田有前說，唐陵的鴕鳥石刻背面多為鑿痕，目前只見到這一件背面有線刻圖案。

在元陵下宮遺址，考古人員還勘探發現南北分佈的兩座大型建築基址。已發掘的下宮 1 號建築基址，經復原可知，整座建築遺址由南北 3 排柱礎、東西 8 列柱礎構成，進深兩間，面闊 7 間。

同時，在殿址原始地面的高度發現一層燒結面，與遺址上遺留的柱礎石表面同高，且所有柱礎石的四周均有炸裂現象，應為火燒後留下的痕跡。專家表示，此次發現的元陵下宮 1 號建築遺址，對研究、復原唐代的宮殿建築具有重要意義。

〔註26〕2011 年修《陝西省志・文物志》，西安：陝西人民出版社，頁 120。

十六、唐德宗崇陵

位於涇陽縣北 20 公里的嵯峨山南麓。德宗李适（742～805），代宗李豫長子。建元元年（780）即位。貞元二十一年（805）正月死於長安會寧殿，在位 26 年，終年 54 歲，葬崇陵。

嵯峨山古名荊山，是關中名山之一。山有五峰，登其巔，則涇、渭、黃諸河舉目在前，視秦中如指掌。崇陵居高臨下，山環水抱，高突墓冢，全用開鑿的青石塊砌疊，嵌鑿石槽，澆灌生鐵汁，卡有鐵拴板，十分堅固。傳說陵墓是在一枝九瓣鐵蓮花的中央，說明封建帝王死後尚貪婪祈求其萬世安基。

崇陵依山為陵，陵周圍 20 公里。石刻保存基本完好。自陵前朱雀門以南為石人 10 對（左文臣、右武將）、石馬 5 對、朱雀 1 對，飛馬 1 對、華表 1 對。4 門各有石獅 1 對。北門外尚有石馬 3 對，殘破比較嚴重，唯石刻中華表極為精美、壯觀。朱雀門西有石礎 3 個，旁有石人 10 餘尊，身著斗篷，可能是當時少數民族酋長的立像，現均撲倒於地。

十七、唐順宗豐陵

位於富平縣東北 17 公里的曹村鎮陵前的金甕山。順宗李誦，德宗長子，母王皇后。始封宣城郡王，805 年正月即皇帝位，改元永貞，任王叔文為翰林學士，領導改革，史稱「永貞革新」。翌年，順宗病死，在位僅 1 年，終年 46 歲，葬豐陵。

豐陵因山為陵，陵區周圍 20 公里。陵區原有石刻，4 門各有石獅 1 對，朱雀門外有石人 10 對，石馬 5 對，駝鳥一對，翼馬 1 對，華表 1 對，玄武門外有石馬 3 對。現僅存石獅和華表各 1 座，均殘。史載豐陵陪葬墓一座，即莊憲皇后王氏。〔註27〕

十八、唐憲宗景陵

位於蒲城縣城西北 7 公里之金幟山。陵主唐憲宗李純，即位期間，力排眾議，堅持削藩，平吳元濟叛亂，史稱「元和中興」。隨後躊躇滿志，重用宦官，反受其亂。元和十五年（820）正月崩，五月葬於景陵。陵依山而建，封內 20 平方公里，座北向南，分內外城。

朱雀門位於三合鄉景陵村東北約 400 公尺處。現存華表 1 座（東側），

〔註27〕2011 年修《陝西省志‧文物志》，西安：陝西人民出版社，頁 120～121。

八棱柱形，覆蓮基座，高 8 座。天馬 1 對，通高 2.8 公尺，長 2.6 公尺，均完好無損，昂首挺胸，造型雄偉。鴕鳥 1 尊（東側缺），通高 1.52 公尺，寬 2 公尺。石馬 5 對（西側 2 尊，殘），高 1.6 公尺，長 2 公尺。翁仲文武分列，現存文 6 尊，武 5 尊，文為拱手握笏，武為雙手拄劍。石獅僅存東側 1 尊，高 1.7 公尺。清乾隆四十一年（1776）陝西巡撫畢沅所豎「唐憲宗景陵」碑現存完整，並加碑樓保護。

玄武門位於大孔鄉王坡村西，石刻種類及數量，居五陵之冠。有石獅 1 對，高 1.7 公尺，長 1.9 公尺；石馬 3 對（有牽馬俑 2）。小石獅 1 對，高 0.9 公尺，長 0.8 公尺；石虎 1 對，高 0.9 公尺，長 1.3 公尺。

青龍門位於翔村鄉皇邊村西。

白虎門位於三合鄉原家山村後，兩門各有石獅 1 對。

景陵內城外曾分 3 處豎立宋、元、明、清各位祭祀和修葺景陵的碑石 40 餘通，被譽為「唐陵碑林」。民國時期，石碑多被國民黨軍隊打靶擊碎。今部分數存於三合鄉義龍村民間。

陵南麓曾廣植蒼柏。陪葬有懿安郭太后、孝明鄭太后、王賢妃等。宋開寶六年（973）修建景陵圍牆，在今三合鄉西南豎有「大宋新修唐憲宗廟碑」。〔註28〕

十九、唐穆宗光陵

位於蒲城縣城北 15 公里處之堯山西嶺，今翔村鄉光陵村。陵主唐穆宗李恒，係李純第三子。唐憲宗卒後被宦官擁立為帝，後服金丹中毒，死於長慶四年（824）正月，十一月葬於光陵，封內 20 平方公里，下宮去陵 2.5 公里。宋開寶年間（968～976）修葺陵墓一次。其墓在半山，陪葬墓都在陵之前。陵地北高南低。

朱雀門位於翔村鄉新至坡，華表已殘，僅存石柱數節。天馬 1 對，相距 70 公尺，高 3 公尺，長 2.6 公尺，造型雄偉。今石馬、翁仲多殘倒（部分埋於地下），其中 1 尊翁仲完好。通高 3 公尺，雕刻細膩。石獅 1 對，高 2 公尺，長 1.5 公尺。清乾隆四十一年（1776）陝西巡撫畢沅所書「唐穆宗光陵」碑，晝立於神道正中山下。

玄武門位於東黨鄉獅子坡。從南往北，西邊有 1 尊石獅，嚴重殘損，高 1.3 公尺，寬 0.9 公尺，長 1.2 公尺。東側石獅被當地農民拖於村中，棄於澇池，

〔註28〕1993 年修《蒲城縣志》，文物古蹟，頁 614。

現存。東西各有殘石馬 2 尊，還有光滑的基座，中間有直徑 0.3 公尺、深 0.2 公尺的圓石槽，四周為線刻花紋。

青龍門位於上王鄉唐陵村西南。現存石獅 1 對，高 1.7 公尺，長 1.4 公尺。門墩石由 6 塊完整的青石方塊組成，兩邊兩塊相距 2.9 公尺，中間相距 3 公尺，保存完整。1987 年 4 月，日本關西大學考古研究室來村多加史博士來蒲城考察唐五陵時，由陪同者蒲城中學教師王仲謀首先發現，陪同者陝西省文物管理委員會幹部黃曉芬說：「如此完整的門墩石，是在帝王陵中首次見到的。」

白虎門位於翔村鄉後皇邊村。現有完整的石獅 1 對，高 1.5 公尺，長 1.4 公尺。附近有圍牆夯土層多處，最厚達 3.8 公尺。兩門闕相距 41 公尺。據《新唐書》記載，長慶四年（824）「十一月庚申，葬睿聖文惠孝皇帝於光陵。」據《長安志》載陵內陪葬著兩位皇后，一是恭僖王皇后，一是貞獻蕭皇后。但今陵區可見土冢五十餘座，名位難考。〔註29〕

二十、唐敬宗莊陵

位於陝西省三原縣東北 15 公里陵前鄉柴家窯。敬宗李湛，穆宗長子，母王皇后。始封鄂王，徙封景王，長慶二年（822）立為皇太子，長慶四年（824）即皇帝位。在位期間，遊宴無度，荒於國政。寶曆二年（826）十二月被宦官劉克明等殺死。在位 3 年，終年 18 歲，葬莊陵。

莊陵封土為陵，呈覆斗形土冢。陵周 20 公里。陵區原有石刻與豐陵相同，現殘存石刻計有四門石獅各 1 對，石人 1 對，石馬 1 對，華表 1 對，駝鳥 1 對，飛馬 1 對，均已殘破。

莊陵陪葬墓，據《長安志》載有 1 座，為悼懷太子李普，今已無考。

二十一、唐文宗章陵

位於富平縣西北十公里的天乳山。文宗李昂，穆宗第二子，敬宗弟，母蕭皇后。始封江王，寶曆二年（826）十二月被宦官王守澄、楊承和等擁立為帝。即位後勵精圖治，太和九年（835）發生「甘露之變」，鄭注等被殺，文宗亦被軟禁。開成五年（840）二月，死於長安太和殿，在位 14 年，終年 32 歲，葬章陵。

〔註29〕1993 年修《蒲城縣志》，文物古蹟，頁 614～615。

章陵因山為陵，周圍 20 公里。陵區原有石刻與豐陵相同，現存殘石刻有華表 1 通、石獅 1 只、石人 1 尊，均已殘破。

章陵陪葬墓，據《長安志》載有 1 座，為貴妃楊氏，今已無考。〔註30〕

二十二、唐武宗端陵

位於三原縣北 15 公里徐木鄉。李瀍（814～846）後改名炎，穆宗第五子，母韋皇后。始封穎王，開成五年（840）正月即皇帝位。在位期間，對藩鎮勢力加以抑制。〔註31〕

會昌五年（845）又詔禁佛教，會昌六年（846）死於長安大明宮，在位 7 年，終年 33 歲，葬端陵。

端陵平地起冢，周圍 20 公里，陵區原有石刻與豐陵相同，現僅殘存四門石獅 2 對，石馬 3 對，華表 1 通，石人 5 尊，翼馬、駝鳥各 1 對，皆殘破撲地。

史載端陵陪葬墓一座，為賢妃王氏，今無考。

二十三、唐宣宗貞陵

（一）貞陵

貞陵位居涇陽縣白王鄉崔黃村仲山南麓，距縣城 30 公里。陵園橫跨涇陽、淳化兩縣。

唐宣宗李忱（公元 810～860 年）是唐憲宗李純的第十三子。

會昌六年（846）三月武宗遺詔立為皇太叔，遂即皇帝位。在位期間，勵精圖治，史稱「大中（宣宗年號）之政有貞觀之風」。

晚唐時期，國勢日衰，然而宣宗尚能收復河隴一帶，曾被譽為「小太宗」。

陵墓居高臨下，城垣的形制基本是依自然山勢而築，平面佈局近似曲尺形。方向北偏西 9 度。南城基長 1680、北城基長 4080、東城基長 2985、西城基長 4440 公尺，其寬度為 3 公尺。城基屬夯築，夯每層厚度 11～16.5 公分，夯窩直徑約 10 公分，內城平面面積約為 629 萬平方公尺。

祭壇位於朱雀門正南約 80 公尺處，已淪為廢墟，地面除堆積大量的板瓦、筒瓦、殘磚等建築遺物外，還有撲倒的無頭白石雕像二尊。

〔註30〕1995 年修《陝西省志・文物志》，西安：三秦出版社，頁 121。
〔註31〕《陝西省志》，頁 121。

獻殿在朱雀門內，偏東部地面地下堆積有數量眾多的板瓦、筒瓦及屋脊建築遺物，其分佈範圍東西約 40 公尺、南北約 30 公尺。

下宮位於朱雀門前第三對土闕西北約 250 公尺處，已淪為廢墟。地面及斷崖上堆積有大量的板瓦、筒瓦、殘磚和菊心瓦當、蓮花方磚等建築遺物。其分布範圍南北約 210、東西約 90 公尺。遺址緊南立有石碑一通，碑額篆刻「大宋新修唐宣宗廟碑」。

（二）寢宮道口

寢宮位於朱雀門北仲山正峰（當地群眾稱之為「走馬嶺」）的山腰間。南距朱雀門 1120 公尺，北距玄武門 2705 公尺，東距青龍門 1150 公尺，西距白虎門 840 公尺。從被打破的山梁表面自然石層觀察分析，墓道南北長約 37 公尺，其內填充大量的青石碎塊，其中相當數量的石塊上留有加工的痕印，清晰可辨。

貞陵陵園基本上承襲了原有格局，又有其獨到之處。自乾陵以後，唐帝王諸陵基本上有了同一制度，地面石刻有比較固定的位置，但也有所例外，如貞陵白虎蹲獅在土闕之外的山梁上，距白虎門 325 公尺。

貞陵陵園西城牆北段開鑿在山巔自然石岸上的小道，代替了土築夯打的城牆，這種依山開鑿修建的方法，可以說是中國古代建築中的範例之一。

貞陵早在五代時期已被溫韜所盜，地面石刻文物亦屢遭破壞。目前所存遺物遺蹟仍為研究晚唐時期的政治、經濟及雕刻藝術提供了寶貴的實物資料。〔註32〕

貞陵因山為陵，周圍 60 公里，陵園面積近乎唐太宗昭陵。陵園城垣四門前均有對稱的土闕。原有石刻與豐陵相同，現存石刻有華表 1 對、翼馬 1 對、駝鳥 1 只、石馬 5 對、石獅 4 對、石人 13 尊，皆破損殘缺。

二十四、唐懿宗簡陵

位於富平縣西北 30 公里的紫金山（又名風孔山、五台山等）。懿宗李漼，宣宗長子，母晁皇后。始封鄆王，大中十三年（859）八月即皇帝位，信奉佛教，於宮中設庭講經，親為誦唱，對諸寺賞賜無度。咸通十四年（873）七月死於長安咸寧殿，在位 15 年，終年 41 歲，葬簡陵。

〔註32〕涇陽縣文教組、劉隨群執筆：〈唐貞陵調查記〉，《文博》，1986 年 6 期。

簡陵因山為陵,陵區周圍 20 公里,原有石刻,除玄武門北有小石獅 2 對外,其餘均同豐陵。現殘存石馬 1 對,小石獅 3 座,4 門石獅 5 座,石人 3 尊。簡陵陪葬墓史無載。

二十五、唐僖宗靖陵

位於乾縣北 8 公里乾陵鄉雞子堆,與高宗、武則天的乾陵連谷相接。僖宗李儇,懿宗第六子,母惠安王皇后。初名李儼,立為皇太子後改名李儇。咸通十四年(873)七月即皇帝位,翌年爆發了王仙芝、黃巢領導的農民大起義。僖宗兩次被田令孜挾持離京。文德元年(888)回到長安,不久即死於武德殿,在位 16 年,終年 27 歲,葬靖陵。

靖陵封土為陵,陵冢呈覆斗形,陵區周圍 20 公里,與乾陵相接壤。陵園原有石刻與豐陵相同。現殘存華表 1 對、翼馬 1 對、石獅 1 對。靖陵陪葬墓史無記載。〔註33〕地宮已做搶救性的挖掘,殘物有壁畫等。

二十六、唐昭宗和陵

《舊唐書》:天佑元年八月壬寅,朱全忠弒昭宗於椒殿,二年二月己酉葬於和陵,《太平寰宇記》:昭宗陵在洛陽市偃師市緱氏鎮東北五里,《唐書・地理志》:和陵在緱氏縣太平山,本懊來山,天佑元年更名。據實地調查,昭宗陵的位置在緱氏鎮東北 2 公里處。陵墓原來佔地約 3 畝多,1974 年當地生產隊將其平整為田。

二十七、唐太子李弘恭陵

恭陵是唐高宗李治的第五子、武則天長子李弘的陵墓,又稱孝敬皇帝陵,俗稱「太子冢」。位於洛市偃師市緱氏鎮東北 2.5 公里處的濘沱嶺上。

陵園座北朝南,平面正方形,長寬均 440 公尺。據鑽探得知,四周原有神牆圍護,神牆四角有角樓,四面神牆的中部各置神門。門外土闕尚存。據初步鑽探,土闕四周亦有磚牆圍護。南神門寬 30 公尺,門闕外 10 公尺有立獅一對,分列左右,相距 54 公尺。其餘三座神門與此類同,惟立獅改為坐獅。自東神門外坐獅至西神門外坐獅,總長度為 571 公尺,南北二神門石獅相距 573 公尺。

神道在南神門外正南方向,寬 50 公尺,兩側有兩排石像生,自北向南依

〔註33〕《陝西省志・文物志》,頁 122。

次為翁仲（石人）3 對、天馬 1 對、望柱（或稱華表）1 對，東西對稱。其東排第一、第二翁仲之間，矗立《孝敬皇帝睿德之記》石碑一通，高 6.1、寬 2.1、厚 0.4 公尺，碑文係高宗親撰並書。

靈台封土呈覆斗形，東西現長 150、南北寬 130、殘 22 公尺。據鑽探可知，封土四周經千年風雨侵襲及人為墾殖，每邊均被沖損 10 餘公尺，原封土的長寬應在 160~180 公尺之間，高度也在 30 公尺以上。封土全部用紅褐色生土夯築，堅硬密實。整個墓區總面積約 31 萬多平方公尺。

靈台東北 50 公尺處，有一方錐形土冢，俗稱「娘娘冢」，底邊長寬各 40～50 公尺，殘高 13 公尺，形狀也很不完整，為李弘之妃哀皇后陵。

恭陵規模宏大，可與唐太宗昭陵相媲美。其神道兩側石雕之精美，堪稱中原唐代陵墓石雕之冠。唐高宗撰書的《睿德記》碑，具有重要的歷史價值和較高的書法藝術價值。惜字跡剝蝕嚴重，文已不可卒讀。〔註 34〕

二十八、奉天皇帝齊陵

《舊唐書·列傳第五十七·玄宗諸子》：「奉天皇帝琮，玄宗長子也，本名嗣直，……二十一年，加太子太師，改名琮，……十一載，贈靖德太子，葬於滻水之細柳原，仍於啟夏門內置廟祔享焉，肅宗元年建寅月九日，詔追冊為奉天皇帝，妃竇氏為恭應皇后，備禮改葬於華清池北齊陵，以尚書右僕射，冀國公裴冕為其使。」《新唐書·列傳第七十一·玄宗諸子》：「詔尚書右僕射裴冕持節改葬，群臣素服達禮門，帝御門哭以過喪，墓號齊陵」。清康熙《臨潼縣志》云齊陵「在新豐西二里」有誤。新豐西北隅之墓，實則奉天皇帝齊陵，世傳為「秦子嬰墓」，亦為訛傳。《史記·項羽本紀》載：公元前 206 年，鴻門宴後數日「項羽引兵西屠咸陽」。在咸陽連幹三件大事：一是「殺秦降王子嬰」，二是「燒秦宮室，火三月不滅」，三是「收其貨寶婦女而東」。誠若此，子嬰之屍即不被項羽兵火燒盡，也會暴於咸陽廢墟。況秦宗族盡成項羽刀下的亡靈，秦之舊臣也分崩離析，各自逃生去了，在此情況下，又有何人收其屍，並渡渭從咸陽運來驪邑聚土而葬呢？秦二世胡亥即其例。胡亥死距子嬰亡僅早月餘。此時，秦尚未亡，而二世之葬都是以黔首（老百姓）的葬制葬於杜南（今西安東南曲江池）宜春苑，何況子嬰已經是一個亡國之君。可見，司馬遷在《史記·秦本紀》後贊中不記其名頗有道理。1964

〔註 34〕1992 年修《偃師縣志》，頁 688～689。

年西潼公路改道，在封土北側接近地面 0.5 公尺處，發現唐磚一層，有條磚和蓮花紋殘方磚，有的條磚上按有手印，有的條磚上則有「天七官塼」，「天七秋月軍製官塼」的紀年陶文。進一步證實了這座墓是李琮的齊陵，而不是秦子嬰墓。〔註 35〕

二十九、唐代帝陵玄宮形制探析

（一）唐代帝陵玄宮形制的研究概況

唐代帝陵中，對乾陵的研究最引人注意。以乾陵為例，前人對乾陵玄宮的研究，主要有前、後室說和前、中、後三室說（註：參見程義：〈關中唐代墓葬初步研究〉，第 260 頁，西北大學 2007 年博士論文）。前後室說最早由黃展岳先生提出（註：黃展岳：〈中國西安、洛陽漢唐陵墓的調查與發掘〉，《考古》1981 年第 6 期），王維坤先生也持此說（王維坤：〈唐代乾陵陵寢制度的初步研究〉，《東方學報》，第 77 冊，2005 年 3 月發行。轉引自程義：〈關中唐代墓葬初步研究〉，第 260 頁，西北大學 2007 年博士論文），主要依據是懿德太子墓、永泰公主墓等幾座「號墓為陵」墓葬的形制為前後室結構。以宿白先生為代表，更多的學者認為乾陵玄宮應為前、中、後三室，這是依據南唐二陵、前蜀王建永陵、遼帝陵、法門寺地宮（認為佛比擬人主的等級）等帝陵級別墓葬的玄宮或地宮來推測的。

主張唐陵玄宮為三室的學者，除了根據後代的帝陵反推外，還參考了後世文獻記載。據《新五代史‧溫韜傳》記載，溫韜為義勝軍（後改為靜勝軍）節度使，「在鎮七年，唐諸陵在其境者，悉發掘之，取其所藏金寶，而昭陵最固，韜從埏道下，見宮室制度閎麗，不異於人間，中為正寢，東西廂列石床，床上石函中為鐵匣，悉藏前世圖書，鍾、王筆跡，紙墨如新，韜悉取之，遂傳人間，惟乾陵風雨不可發」（註：宋‧歐陽修：《新五代史》，卷四十，《溫韜傳》，中華書局，1974 年）。《唐會要》卷二十《陵議》對昭陵記載為：「因九嵕層峰，鑿山南面，深七十五丈，為玄宮。緣山傍崖，架梁為棧道，懸絕百仞，繞山二百三十步，始達玄宮門。頂上亦起遊殿。文德皇后即玄宮后，有五重石門，其門外於雙棧道上起舍，宮人供養，如平常」（註：宋‧王溥：《唐會要》，上海：古籍出版社，1991 年）。《文獻通考》卷一二五也載昭陵「鑿山南面，深七十五丈為玄宮」、「後有石門五重」，可能是從《唐會要‧陵

〔註 35〕1991 年修《臨潼縣志》，上海人民出版社，卷 33‧文物志，頁 892。

議》而來。這兩條記載對探索玄宮結構有重要的參考價值。秦浩先生在探討乾陵玄宮形制時，參考了《文獻通考》的記載，推測「很可能李昪欽陵的情況更接近於唐陵。乾陵地宮三墓室都安置有石門，加上埏道口及埏道內各有一道石門，也如同昭陵一樣，有石門五重。三室之中後室面積可能最大，是安放棺、槨之所在。而且墓室兩側也可能開鑿眾多的側室，以放置大量的隨葬品（註：秦浩：《隋唐考古》，第 90 頁，南京大學出版社 1992 年）。

　　主張前後室說的學者主要的依據是幾座「號墓為陵」的陪葬墓使用了這種形制。從高宗到唐睿宗時期的盛唐階段，西安地區曾出現過一些前後雙室磚室墓，高宗、武則天時期主要是具有特殊功勛的大臣墓葬。中宗以後，逐漸變為改葬皇室成員的特殊墓葬形制。這些墓葬都是在特定時期出現的，具有特殊的歷史背景和政治意義。（註：齊東方：〈略論西安地區發現的雙室磚墓〉，《考古》，1990 年第 8 期）。開元二十九年（741 年）李憲墓規格僅次於皇帝陵而高於任何太子陵，但卻使用了單室磚墓的形制。這就說明到李憲去世的時候，原來流行的雙室磚墓已經不再流行，或者早已廢棄不用了。在這期間修建的帝陵，都是「依山為陵」，這些雙室磚墓可能受到了帝陵玄宮三室制的影響，以僅次於三室的雙室顯示高貴的等級和尊崇的地位，但不能根據這種特殊時期出現的特殊墓葬來反推帝陵為雙室。

（二）對唐陵玄宮形制的推測

　　崔世平先生認為有唐一代的帝陵玄宮形制並非是一成不變的，其形制可能和帝陵構築方式有關。唐陵的構築可以分為兩類：一是「封土為陵」，在平地上夯築覆斗形封土，此類陵建於黃土塬上，原高土厚，便於深埋，高祖李淵獻陵、敬宗李湛莊陵、武宗李炎端陵、僖宗李儇靖陵 4 座帝陵屬於此類，二是「依山為陵」，利用山勢，在山的南面開鑿石洞為羨道，在山體的內部修造玄宮，其餘 14 座帝陵屬於此類。「封土為陵」和「依山為陵」的帝陵，其玄宮形制也可能不同。

　　如果在隧道中再加一道石門，則正好與昭陵「石門五重」的規格相同。南唐二陵玄宮均為三室，其主室的東西兩側均有數量不等的耳室，李昪欽陵共有10 個，李璟順陵共有 8 個，可能相當於昭陵的「東西廂」；南唐二陵東西兩側的耳室內砌築有磚台。可能相當於昭陵東西廂內放置隨葬品的「石床」。參考文獻記載，唐太宗昭陵使用的應當是與法門寺地宮及南唐二陵類似的三室玄宮。其他「依山為陵」的唐陵玄宮也應當和昭陵玄宮形制相同。

北朝時期的帝陵，都是在地上夯築圓形封土，地下玄宮為單室。如位於邙山頂上的北魏宣武帝景陵，是一座座北面南的磚砌單室墓，由墓道、前甬道、後甬道、墓室四部分組成，平面略呈「甲」字形，全長 54.8 公尺（註：中國社科院考古所洛陽漢魏城隊：〈北魏宣武帝景陵發掘報告〉，《考古》，1994 年，第9 期）。被推測為北齊文宣帝高洋武寧陵的磁縣灣漳壁畫墓，地下部分由墓道、甬道、墓室三部分組成，總長 52 公尺，平面也呈「甲」字形，墓室為弧方形磚砌單室（註：中國社科院考古研究所等：《磁縣灣漳北朝壁畫墓》，科學出版社，2003 年）。而位於咸陽市底張鎮的北周武帝孝陵，則是一座單室土洞墓由斜坡墓道、5 個天井、5 個過洞、4 個壁龕及甬道、土洞式單墓室組成，全長 68.4 公尺（註：陝西省考古研究所、咸陽市考古研究所：〈北周武帝孝陵發掘簡報〉，《考古與文物》，1997 年第 2 期）。李淵獻陵建造時，唐代陵寢制度尚未形成，使用的仍主要是北朝和隋代制度，推測獻陵玄宮可能仍是磚砌或土洞單室。已經發掘的唐僖宗靖陵，與獻陵同為「封土為陵」的帝陵，其玄宮為土洞單室，也是一個旁證（註：劉向陽：《唐代帝王陵墓》，三秦出版社，2006 年，第 339～341 頁）。開元二十九年（741 年）李憲墓是目前所發現的除帝陵外唐代墓葬中級別最高的一座。李憲本人因讓位於玄宗，因此被追諡為讓皇帝。李憲墓等級僅次於皇帝陵而高於任何太子陵，但卻使用了單室磚墓的形制（註：陝西省考古研究所：《唐李憲墓發掘報告》，科學出版社，2005 年），也說明單室磚墓可以用於帝陵，至少可以用於僅次於帝陵級別的墓葬。

已經發掘的北京唐史思明墓是一座單室石室墓，方形主室的東西兩側各附一個長方形耳室。史思明作為「安史之亂」的發動者之一，曾經稱帝，其墓中又出土了刻有「昭武皇帝崩於洛陽玉芝宮」冊文的玉哀冊，說明他是按照皇帝禮埋葬的（註：北京市文物研究所：〈北京豐台唐史思明墓〉，《文物》，1991 年，第 9 期）。史思明墓也可以作為推測唐代帝陵玄宮形制的一個旁證。因此，唐代帝陵玄宮形制還不能否定單室這種可能。既然李憲墓使用了磚砌單室，唐僖宗靖陵使用了土洞單室，那麼單室玄宮可能用於封土為陵的帝陵。

綜合考古發現和前人的研究成果，可以推測，唐代帝陵的玄宮形制與山陵形式有關。「依山為陵」的唐陵，使用的是三個主室附加若干側室的玄宮，這種形制始於唐太宗昭陵。「封土為陵的唐陵，使用的是傳統的長斜坡墓道的土洞單室或磚砌單室的玄宮。

盛唐時期，帝陵多使用太宗昭陵開創的「依山為陵」形制，玄宮則為三室。晚唐時期，國力衰弱，已經無力營造「依山為陵」的帝陵，所以唐僖宗靖陵等回歸到「封土為陵」的形式，玄宮也使用單室土洞。五代和北宋的帝陵繼承唐代晚期的制度，也使用「封土為陵」的陵台和單室地宮。如已經發掘的後周恭帝柴宗訓順陵，由豎穴墓道、磚砌甬道、墓室三部分組成，墓室平面呈圓形，直徑 6.2 公尺，高約 7 公尺，穹窿頂，空間巨大（註：李書楷：〈五代周恭帝順陵出土壁畫〉，《中國文物報》，1992 年 4 月 5 日）。順陵修建於北宋初，基本上可以反映五代北宋初的帝陵玄宮形制。至於五代十國時期南方割據政權的帝陵多使用三室玄宮，可能追溯的是盛唐制度，而與中原五代王朝繼承了晚唐制度不同。〔註36〕

附載：一、藏王墓

藏王墓位於西藏山南地區窮結縣境內，為公元七～九世紀吐蕃王朝歷代贊普、王子、后妃之墓葬群，現有明顯墓堆九處，墓群背靠木惹山，前臨雅隆河，氣勢雄偉。

松贊干布墓座落於雅隆河畔，墓丘為土石疊成，分層夯實，與《通典》所云「其墓方正，纍石為之，狀若平頭屋」的情況一致。關於墓內情形，據「墓誌」、「國王遺教」、「白史」等資料記載：「墓內凡格、中央置贊普屍，塗以金」、「君死、贊普之乘馬、甲冑、珍玩皆入墓」、「墓內設有經堂五座，藏各種珍寶」等，可見地下工程十分可觀，然待將來開掘證實。

松贊干布墓之旁為赤松德贊墓，赤松在位期間（754～797）是吐蕃王朝極盛時期，所以他死後在其墓前樹碑記功。石碑上端覆有寶珠頂蓋，刻有流雲浮雕，四角為飛天，碑側刻有龍紋，刀法精巧，線條流暢，風格古樸。碑文內容為歌頌赤松的賢能和德政。

另外，在一座墓葬前有鎮墓獸石獅一對。

二、吐谷渾王墓

2015 年左右在今涼州南山青嘴喇嘛灣發現一處吐谷渾王族墓，出土大量文物和九方墓誌銘，包括〈青海王烏地拔勤豆可汗慕容忠〉、〈河東陰山郡安樂王慕容威〉、〈青海王慕容曦光〉，2019 年 10 月，在涼州神鳥縣又發現慕容智

〔註36〕 《中國文物報》，南京大學歷史系崔世平，2008 年 7 月 18 日。

的〈慕容府君墓誌〉。〔註37〕

三、回鶻可汗陵寢？

2006 年 6～9 月，內蒙古自治區文物考古研究所組隊與蒙古國遊牧民族文化學院、蒙古國民族歷史博物館合作，對蒙古國後杭愛省浩騰特蘇木烏蘭朝魯巴戈四方形遺址進行了考古發掘，清理回鶻大型磚室墓一座，蒙元時期墓葬 8 座，出土了一批重要文物，取得了重大考古收獲。

蒙古國大部份學者認為是祭祀性遺址，而以蒙古國民族歷史博物館奧其爾館長為代表的少數學者則認為是墓葬。此次考古發掘證實，這種四方形遺址實際上是一種大型的墓葬。這種墓葬有著較為明顯而又複雜的特徵：一是集中分佈於背山面水的山谷之中，有著統一的墓塋地，並成片分佈；二是墓塋結構基本相似，都由圍牆、祭台和墓葬組成；三是墓葬本體為磚砌穹廬頂式，由墓道、甬道、墓壙和墓室組成。由於此次發掘的烏布爾哈布其勒山谷 3 號遺址的墓葬早年被盜，沒有留下完整的標型器物，但通過遺址中出土的菱形或斜方格紋的陶片以及印布紋和粗繩紋的磚瓦分析，初步可以了解這種四方形遺址的文化屬性。這些陶片和磚瓦與回鶻古都哈拉巴拉朵斯古城出土的同類遺物在形制特徵及裝飾藝術上完全一致，屬於古回鶻時期的典型風格。此外，遺址中出土的蓮蕾紋瓦當在中國的許多唐代遺址中也有發現。因此初步認定，分佈於後杭愛省浩騰特蘇木烏蘭朝魯巴戈附近的 28 處四方形遺址，其大致年代都應是古回鶻時期，其族屬應當是 8～9 世紀活動於蒙古高原的回鶻族。從四方形遺址群龐大的建築規模及墓葬較高的規模分析，這些四方形遺址應是回鶻貴族或可汗的陵墓群。〔註38〕

九姓回鶻可汗碑：碑立於唐憲宗元和九年（814），漢文直書刻於碑正面左側，粟特文直書刻於碑正面右側，突厥文橫書刻在碑陰。為和林三碑之一。

四、突厥可汗陵寢

1. 頡跌利施可汗陵墓

哈薩克哈通社／努爾蘇丹，2022 年 8 月 23 日——據國際突厥學院院長達爾汗・克德爾艾里稱，後突厥汗國創建者阿史那骨篤祿，即頡跌利施可汗陵墓

〔註37〕〈吐谷渾王陵〉，《百度百科》。

〔註38〕〈中國聯合考古隊在蒙古國發掘取得重大收獲——首次發現回鶻貴族大墓或回鶻可汗陵寢〉，《中國文物報》，塔拉陳永志報導，2006 年 10 月 25 日。

遺址被發現。

　　達爾汗‧克德爾艾里表示，國際突厥學院與蒙古國科學院考古研究所聯合科考隊在蒙古國杭愛上（故稱於都斤山）發現一處奇妙遺址，經初定判定，係毗伽可汗和闕特勤之父、突厥汗國復興的開創者頡跌利施可汗陵墓遺址。

　　該遺址出土的墓碑包含突厥文和粟特文。

2. 毗伽（Bilge）可汗墓

　　在蒙古國的和碩柴達木。其墓碑為後突汗厥國時期，唐朝協助建立。

　　1889 年，俄國考古學家雅德林采夫（N. M. Yadrintsev）在外蒙古鄂爾渾河舊河道發現，比起古突厥文部分，北面漢文碑文保存得最差，隱約可見一些漢字，完全不能閱讀。近世中國人知道毗伽可汗碑，是在清末光緒年間。光緒十九年（1893）秋俄國駐北京公使喀西尼（A. P. Cassini）將著名語言學家拉德洛夫拓製的和林三碑《闕特勤碑》《毗伽可汗碑》和《九姓回鶻毗伽可汗碑》拓片，送到北京總理各國事務衙門，請代為釋讀。當時蒙元史專家沈曾植正在總理衙門譯署任職，作三碑跋文以復俄人。俄人將沈文翻譯刊布，屢為西方著作引述，即所謂總理衙門書。沈書植獲得碑文拓片後，曾示與當時著名金石家葉昌熾、翁同龢等人，或與這些人有過討論。〔註39〕

〔註39〕羅豐：《蒙古國紀行──從烏蘭巴托到阿爾泰山》，北京：三聯書局，2018 年，頁 124。

圖 版

河北隆堯縣唐祖陵石雕

　　唐祖陵在河北省邢台市隆堯縣魏家莊鎮王尹村北。為唐高祖李淵的第 4 代祖宣皇帝李熙的建初陵和 3 代祖光皇帝李天賜的啟運陵，2 陵共墓，始建於貞觀 20 年（646 年），完成於麟德元年（664 年）。

　　該陵歷經 1300 多年滄桑之變，如今封土無存，陵區南北長 250 公尺，東西寬 40 公尺，佔地面積 1 萬平方公尺。現存有石柱、石馬、石人、石獅和《大唐帝陵光業寺大佛堂之碑》一通。光業寺建於唐總章年間。

永康陵原始葬地

甘肅省天水市清水縣白沙灣鄉魯家灣村。

永康陵蹲獅

西安：碑林博物館。

永康陵現況

咸陽市三原縣陵前鄉。

興寧陵現況

咸陽市正陽鄉後排村北原。

唐獻陵石虎

唐貞觀九年（635 年）刻，原在陝西三原縣，現藏西安碑林博物館。這虎軀體壯實，眼神凝注，好像逼視著前面獵物的動靜，雙腮鼓起，似將發出吼聲，生動地雕出虎的凶悍本性和機敏的姿態。

《唐太宗昭陵圖》

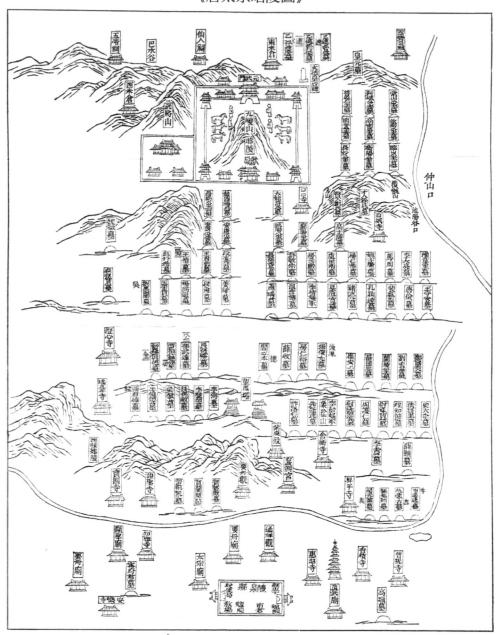

據清·畢沅編：《經訓堂叢書》之〈長安志圖〉。

唐高祖獻陵現況

咸陽市三原縣徐木鄉。

唐獻陵石犀牛

西安：碑林博物館藏。

九嵕山（一）

九嵕山（二）

九嵕山（三）

唐太宗昭陵陵碑

昭陵走獅　謝敏聰攝

西安：碑林博物館藏。

昭陵六駿

颯露紫（模型）

特勤驃

昭陵六駿之一，颯露紫長 204、高 172 公分。颯露紫是昭陵六駿西側第一匹馬，是唐武德 4 年（621 年）李世民於洛陽北邙山會戰王世充時的坐騎。這匹紫紅色馬，跑起來像疾風捲動。在征戰中前胸中一箭，畫面上刻有將軍丘行恭為李世民中箭駿馬拔箭的場面。是昭陵六駿中唯一的一件帶人的雕像。原石雕現藏美國費城賓州大學博物館。

此馬據《舊、新唐書》正確寫為特勤驃，今據豎立在外蒙古的原野上之「故闕特勤之碑」（係唐玄宗親書），予以更正，闕特勤為毗伽可汗的弟弟。「特勤」乃突厥語回鶻可汗子弟的官銜。

拳毛騧（模型）

原件現藏賓州大學博物館。

什伐赤　謝敏聰攝

青騅　謝敏聰攝　　　　　　　白蹄烏　謝敏聰攝

昭陵是唐太宗李世民的陵寢，位於陝西省醴泉縣東北四十五華里之九嵕山。「昭陵六駿」原放置於九嵕山北坡玄武門內東西廡，是唐太宗於貞觀十年（636）為紀念開國征戰時所乘的六匹駿馬而詔令雕刻的。傳其畫稿由唐初著名畫家閻立本繪製，並由畫家本人主持雕刻。

作品採用浮雕形式，構圖新穎，刀法洗練，造型逼真，是唐代石刻藝術中的傑作。

1914 年，六駿中的「颯露紫」和「拳毛䯄」流失國外，現藏於美國費城賓夕法尼亞大學博物館。現存西安碑林的四件石雕均屬國寶級文物。

昭陵博物館大門

昭陵博物館　位於咸陽市醴泉縣北約 22.5 公里處。

1978 年在李勣墓園設立的昭陵文管所基礎上更名為昭陵博物館並正式對外開放。佔地面積 3 萬平方公尺，建築面積 4000 平方公尺，其中陳列面積 2000 平方公尺。設接待宣教部、陳列部、保管部、複製廠等機構。館藏文物 4300 餘件，主要分為陶俑、唐墓壁畫、碑刻三大類。有昭陵陪葬墓出土文物陳列、唐墓壁畫陳列、昭陵碑刻陳列。昭陵陪葬墓出土的陶俑，有彩繪俑、彩繪釉陶俑、三彩俑等，其中

張士貴、鄭仁泰、尉遲敬德、安元壽墓出土的陶俑最有特色，造型逼真，釉彩鮮明，具有較高的藝術造詣。唐墓壁畫題材多以表現貴族生活的人物畫為主，注重寫實，女侍、舞伎、貴婦、儀衛等均栩栩如生，線條流暢。陳列的唐代碑石、墓誌60餘通方，特點在於集唐初書法大家的珍品，如歐陽詢書溫彥博碑、褚遂良書房玄齡碑、王知敬書李敬碑，趙模書高士碑等，足以代表初唐書法藝術風格和水準。博物館以其豐富的館藏文物和宏大的陵園吸引了大量的中外遊客，特別是長樂公主墓和韋貴妃墓的開放，更使該館生色。(說明文字：取自中國國家文物局編：《中國歷史文化名城辭典·三編》，上海辭書出版社，2000年，頁677～678)

李勣墓

李勣墓碑

武則天母楊氏順陵

唐武則天母楊氏順陵。順陵位於咸陽市秦都區東北 15 公里。陵園為方形，陵墓座北向南，分內外兩城，總面積 110 萬平方公尺。此陵完全仿照唐室帝王陵墓規格。武則天 10 歲時，其父武士彠卒於荊州都督任內，則天與其母相依為命，其母歿葬於順陵。

順陵走獅

武則天母楊氏順陵獬豸（獨角獸）

武則天母楊氏順陵獬豸（獨角獸）石雕。陝西咸陽市。陵墓石刻約 30 多件。陵墓南門走獅和獨角獸各 1 對，不但體型龐大、雄偉，而且雕刻異常生動、有力。

唐高宗與武則天合葬的乾陵

乾陵返顧

乾陵司馬道拄劍石人像

乾陵的蹲獅

乾陵的石柱

乾陵述聖紀碑

梁山遠景

參加唐高宗喪禮的外國首長石像

左邊為雙闕遺址，右邊為陵冢

乾陵的控馬官與石馬

乾陵司馬道西側鴕鳥

乾陵的天馬

乾陵無字碑（右）

唐章懷太子李賢墓（公元 654～684 年）墓

陝西省乾縣東金村，為乾陵的陪葬墓之 1。陵園南北長 180 公尺，東西寬 143 公尺，高約 18 公尺，墓道長 71 公尺，有 600 多件隨葬品出土。

唐乾陵陪葬墓——永泰公主墓的墓道

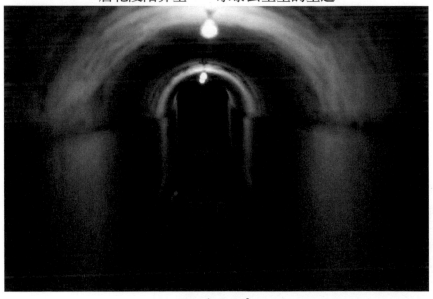

傾斜度為 18°

唐永泰公主李仙蕙（公元 684～701 年）墓

陝西省乾縣韓家窖東。此墓「號墓為陵」為仿皇帝陵級的墓園，墓南北 363 公尺，東西 220 公尺，高 14 公尺，墓道全長 87.5 公尺，從墓道到墓室有壁畫，出土三彩俑、金、銅、鐵、玉、錫器 900 多件。乾陵博物館設在永泰公主墓前。

永泰公主墓玄宮

永泰公主李仙蕙墓壁畫（部分）

1972 年發掘，現藏陝西省博物館。此圖描繪宮女行列。

闕樓圖

神龍元年（705）。唐·懿德太子墓壁畫。懿德太子墓號墓為陵，墓道壁畫
中的闕樓為三出闕，和大明宮正殿含元殿前闕樓的規格一致，是天子一
級的制度。陝西省博物館藏。

儀仗圖

太子大朝儀仗圖（局部）。唐神龍2年（706）。351×712公分。陝西省乾縣。懿德太子李重潤墓道壁畫，1972年發掘，現藏陝西省博物館。描寫儀仗隊準備出城場面。

賓客圖壁畫

唐章懷太子李賢墓墓道東壁。景雲2年（711）。唐章懷太子李賢墓出土壁畫。縱187、橫342公分，陝西省博物館藏。唐代長安是個國際性的大都市，當時外國使臣、賓客紛至沓來，中外文化經濟交往頻繁。此圖描繪了，左邊3人為唐鴻臚寺官員，正侃侃而談，友好接待賓客。最右邊的1人似為高麗或日本使節，其他兩人可能是東羅馬使節或東北少數民族來賓。

唐代皇族的陵寢

唐代章懷太子墓、懿德太子墓、永泰公主墓及淮安王李壽墓等，均發現了華麗的大壁畫，堪稱唐代美術的代表作。圖為章懷太子李賢墓的構造圖，可看出一系列壁畫的位置。唐沿襲了隋代厚葬的遺風，在出土的墓中，常可見豐厚的隨葬品及壯麗的壁畫，為後世提供了許多寶貴的史料。（乾陵博物館資料）

唐中宗定陵陵山南門外的蹲獅

唐睿宗橋陵（一）

唐睿宗橋陵（二）

唐睿宗橋陵（三）

唐橋陵石雕（一）

唐橋陵石雕（二）

唐橋陵石雕（三）

唐橋陵石雕（四）

唐橋陵石雕（五）

唐橋陵石雕（六）

唐橋陵石雕（七）

唐玄宗泰陵

泰陵石雕（一）

泰陵石雕（二）

泰陵石雕（三）

泰陵石雕（四）

泰陵陪葬墓高力士墓

唐肅宗建陵的陵山——武將山

唐代宗元陵的陵山——檀山

唐德宗崇陵（一）

唐德宗崇陵（二）

唐順宗豐陵的陵山——金甕山

唐憲宗景陵的陵山——金幟山

金幟山遠景

景陵石雕（一）

景陵石雕（二）

景陵石雕（三）

唐穆宗光陵

唐敬宗莊陵（一）

唐敬宗莊陵（二）

唐文宗章陵陵山——天乳山

唐武宗端陵

唐端陵石雕

西安：碑林博物館藏，謝敏聰攝

唐宣宗貞陵（一）　　　　　唐宣宗貞陵（二）

唐宣宗貞陵（三）　　　　唐懿宗簡陵的陵山──紫金山

簡陵石雕（一）　　簡陵石雕（二）　　簡陵石雕（三）

唐僖宗靖陵

靖陵　唐僖宗李儇與惠聖安孝皇后的合葬墓。位於乾縣鐵佛鄉南陵村東約 500 公尺處，西南距縣城 5.5 公里。陵呈覆斗形，底部邊長 41 公尺，高 7 公尺，夯土而築，處丘陵台地上，地勢比較平坦。

僖宗李儇是懿宗李漼第五子，初封沛王，名儼。咸通十五年（874）七月二十日即皇帝位，時年 13 歲，改名儇。文德元年三月（888）崩於武德殿，時年 27 歲。同年十二月葬於靖陵。

靖陵內城遺址範圍，東西 450 公尺，南北 471.8 公尺。北面正中有覆斗形封土堆，西北、東北、西南、東南各建角樓一座，封土堆前有清畢沅樹靖陵碑一通。原有四門，今僅存青龍門與南、北兩闕樓遺址。2014 年攝。

說明文字：取自：2003 年修《乾縣志》，西安：陝西人民出版社，頁 733。

唐讓帝惠陵

唐讓帝惠陵玄宮

唐讓帝惠陵玄宮壁畫（一）

唐讓帝惠陵玄宮壁畫（二）

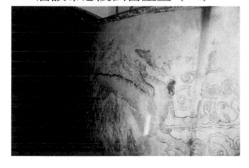

唐讓帝惠陵玄宮壁畫（三）

唐恭陵

又稱太子陵，為唐太子李弘的墳墓。李弘（651～675 年）為高宗的第 5
子，武則天的長子，因與武則天政見不合，被賜死，追諡孝敬皇帝。

唐恭陵拄劍武士

第十六章　五代十國的陵寢

第一節　後梁陵寢

帝　系	姓　名	陵　名	陵　地
先　世			
肅祖	朱黯	興極陵	安徽省宿州市碭山縣。
敬祖	朱茂琳	永安陵	安徽省宿州市碭山縣。
憲祖	朱信	光天陵	安徽省宿州市碭山縣。
烈祖	朱誠	咸寧陵	安徽省宿州市碭山縣。
梁朝追尊四廟			
本　朝			
太祖	朱溫	宣陵	河南省洛陽市伊川縣白沙鄉朱嶺村南與常嶺村交界處。
少帝	朱瑱		河南省洛陽市東南伊闕。

　　後梁太祖宣陵:《新五代史‧梁本紀注》:「十一月,友珪葬之河南伊闕縣,號宣陵(太祖陵)。」

　　《古今圖書集成引河南通志》:「梁太祖陵在河南府城東南城東南范村保(堡)。」《同前書引洛陽縣志》:「宣陵在洛陽伊闕東南,今俗稱朱家陵。」《同前書引嵩縣志》:「宣陵在伊闕廢縣,後唐莊宗獵伊闕,令百官拜梁太祖墓。」《五代春秋》:乾化二年六月戊寅,皇子友珪弒逆帝崩於寢殿,十一月甲寅葬於宣陵。《五代會要》:陵在洛京伊闕縣。乾隆《洛陽縣志》:在龍門東南朱家嶺,陵周一百二十二丈,高五丈,佔地九畝八分。即在今伊川縣白沙鄉常嶺村。

　　朱溫墓原來規模很大，四周有圍牆，冢高 15 公尺，周長約 120 公尺，佔地 9 畝 8 分。南面從園門至陵墓有南向神道，神道東西兩側有兩排石翁仲，1958 年，石刻全部毀。〔註 1〕

　　後梁末帝墓：《五代春秋》：龍德二年十月辛未，晉師迫京師，戊寅帝崩於建國樓下。《揮塵錄》：梁末帝葬伊闕縣。陵在朱家嶺。

　　《新五代史‧梁本紀》不載少帝陵。《古今圖書集成引河南通志》：「少帝陵，在河南府城東南伊闕。」《同上書引洛陽縣志》：「少帝陵在伊闕東南‧」《同上書引嵩縣志》：「少帝陵，在伊闕廢縣北，今上呼為御陵凹云。」

第二節　後唐陵寢

帝　系	姓　名	陵　名	陵　　地
先　世			
懿祖	李執宜	永興陵	山西省忻州市代縣。
獻祖	李國昌	長寧陵	山西省忻州市代縣。
太祖	李克用	建極陵	山西省忻州市代縣陽明堡鎮七里舖村北柏林寺東側。
註：後唐莊宗朝追尊三廟，按實錄併唐高祖、太宗、懿宗、昭宗共立七廟。			
本　朝			
莊宗	李存勗	雍陵（伊陵）	河南省洛陽市新安縣東北西沃鄉下坂峪村小浪底水庫內。
明宗	李嗣源	徽陵	河南省洛陽市孟津縣送莊鄉護莊村與東山嶺村之間的邙山。
閔帝	李從厚	徽陵	河南省洛陽市孟津縣送莊鄉護莊村。
廢帝	李從珂	徽陵	（一）河南省洛陽市孟津縣送莊鄉護莊村？
			（二）河南省濟源市濟瀆廟後？
非開國皇帝追尊先世			
惠祖	李聿	遂陵	山西省朔州市應縣金城鎮。
毅祖	李教	衍陵	山西省朔州市應縣金城鎮。
烈祖	李琰	奕陵	山西省朔州市應縣金城鎮。
德祖	李霓	慶陵	山西省朔州市應縣金城鎮。
註：後唐明宗追尊四廟。			

〔註 1〕李輝曾主編：《伊川縣志》，鄭州：河南人民出版社，1991 年。

　　李克用墓：位於山西代縣陽明堡鎮七里舖村北側柏林寺東側。早年墓地四周有圍牆，內有陵台等建築物。原封土堆較大，墓室穹窿頂高出地表，由封土堆封護。1975年村民平田整堰，墓室被掘開。墓室內積水深1.5公尺，經簡單處理後出土馬骨架、狗骨架、人骨架和9尊石雕怪獸像（怪獸像原蹲踞於半拱耍頭之上，應為10尊）。

　　1989年10月文物部門對此墓進行發掘研究。墓室平面為長方型圓角石室，南北長約945公分，高760公分，東西寬965公分，墓道寬396公分，墓道總長約30公尺（未發掘）。墓室中置石雕須彌座棺床，正面束腰部雕9個壺門，壺門內雕籠子。墓室北、東、西三壁均雕成面闊3間的建築，當心間雕大門一合，門兩旁侍立一男一女。兩次間為直欞窗和方格窗。柱頭之上置石雕頭拱。甬道兩側雕出行圖、儀仗圖，墓門兩旁雕翁仲。原墓室四壁均塗朱色，穹窿頂止中封口處，用一圓形榫口狀大石，向下面雕青龍、白虎，中間呈銀錠形紐，原應懸華蓋和鎮墓之物。墓門用3塊較大石板封護，置於立頰石凹槽之內，墓門外兩側各有一座造型完全一致的磚雕歇山頂建築。根據朽木痕跡分析，原磚雕建築前是一個用梁木構成的空室。

　　這次發掘出土的文物有漆木器上裝飾小銅件、骨簪、骨佩、豆青殘瓷罐、開元通寶錢，還有十二生肖石雕像等（實有11尊）。出土了《晉王墓誌》一盒，蓋盝頂形，92×91公分，雕刻華麗。內書「唐故河東節度觀察處置等使開府儀同三司守太師兼中書令晉王墓誌銘并序。」

　　據《晉王墓誌》：李克用「天祐五年（908年）戊辰正月二十日薨於路寢。……王以己巳歲（909年）二月十八日歸窆於代州雁門縣里仁鄉常山里，祔於先塋禮也。」〔註2〕

一、後唐莊宗雍陵（伊陵）

　　《五代春秋》：同光四年四月丁亥朔，郭從謙弒逆帝崩於絳霄殿，天成元年七月葬於雍陵。《五代史注》：帝屍為伶人焚之，明宗入洛得其骨爐葬之河南新安縣，號雍陵。《五代會要》：陵在洛京新安縣，晉天福二年正月以犯廟諱，改為伊陵。《揮塵錄》：後唐莊宗葬伊陵，在新安縣。按陵在縣北七十里，鄭駙馬墓西，高二丈許。

〔註2〕編纂委員會編：《忻州地區志》，第18編，文物，太原：山西古籍出版社，1999年，頁885～886。

今按：後唐莊宗雍陵陵址在洛陽市新安縣西沃鄉下坂峪，墓冢已平，墓址也沉入小浪底水庫。

二、後唐明宗徽陵

《五代史·唐本紀注》：「清泰元年，葬（明宗）河南洛陽縣，號徽陵。」《古今圖書集成引河南通志》：「明宗陵，在河南府城東北鳳凰保（堡）。」《同上書引河南府志》：「徽陵在洛陽東北十里今護駕莊地。」《五代春秋》：長興四年十月戊戌帝崩於雍和殿。其下注：清泰元年四月丙申葬河南洛陽縣，號徽陵。《五代會要》：陵在洛京洛陽縣。《揮塵錄》：明宗葬徽陵，在洛陽東北。《文獻通考》：末帝清泰三年車駕北幸。路當徽陵，乃至陵所朝謁。

三、後唐閔帝墓

《五代史·唐紀》注：閔帝之亡也，穴於徽陵，其土一隴。《五代會要》：長興四年十二月即位，應順元年四月廢為鄂王，遇弒葬徽陵之封中。

四、後唐廢帝

《新五代史·唐本紀注》：「（廢）帝自焚死，晉高祖命葬其燼骨於徽陵域中。」《古今圖書集成引濟源縣志》：「廢帝陵，在濟瀆廟後，後唐潞王葬此。」

第三節　後晉陵寢

帝　系	姓　名	陵　名	陵　　地
先　世			
靖祖	石景	義陵	今地不可考。
蕭祖	石郴	惠陵	今地不可考。
睿祖	石昱	康陵	今地不可考。
憲祖	石紹雍	昌陵	山西省太原市晉源區。
註：晉朝追尊四廟			
本　朝			
高祖	石敬瑭	顯陵	（一）河南省洛陽市宜陽縣石陵鄉石嶺村西 400 公尺。
			（二）山西省呂梁市交城縣西北 30 公里？
出帝	石重貴		遼寧省鐵嶺市開原市（黃龍）。

《五代史·晉本紀注》:「（顯）陵在河南壽安縣（今按：宜陽縣志）。」

《古今圖書集成引河南通志》:「晉高祖陵在宜陽縣西北。」《同上書引宜陽縣志》:「晉高祖陵，即石家陵。翁仲、石獸猶存（今按：無存）。」

今按：顯陵座北朝南背靠虎頭山，面朝鳳凰嶺，陵前開闊，山環水抱，負陰抱陽，呈覆斗形，保存完好。

另按：明·王在晉:《歷代山陵考》:「晉高祖陵：交城縣西北六十里，晉石敬瑭。」

第四節 後漢陵寢

帝 系	姓 名	陵 名	陵 地
先 世			
文祖	劉湍	懿陵	無陵所。
德祖	劉昂	沛陵	無陵所。
翼祖	劉僎	威陵	山西省太原市晉源區。
顯祖	劉琠	肅陵	今地不可考。
註：漢朝追尊四廟。			
本 朝			
高祖	劉知遠	睿陵	河南省許昌市禹州市萇莊鄉柏村西柏嘴山之陽。
隱帝	劉承祐	穎陵	河南省許昌市禹州市萇莊鄉柏村西柏嘴山之陽。

《古今圖書集成引禹州志》:「漢高祖陵，在州西北五十里，基址巋然，山陵尚存，其翁仲石獸如故。」

今按：後漢皇陵是禹州市唯一的皇家陵寢。位於禹州萇莊鄉柏村柏嘴山右之大龍山南。現存有五代後漢高祖劉知遠睿陵、後漢李氏高后陵和後漢隱帝劉承祐穎陵，是一處保存較為完整的五代後漢帝后墓群。睿陵高 9 公尺，墓冢巍然，1950 年代初時曾試掘中輟，現基本完好。惜當地村民謠傳：陵前翁仲石獸夜間能危害百姓，被砸壞殆盡。

〔敏聰考異〕:另按:《古今圖書集成引河南通志》:「漢高祖陵在河南府登封縣東南側景台左。」今已證明為誤。

第五節　後周陵寢

帝　系	姓　名	陵　名	陵　　地
先　世			
信祖	郭璟	溫陵	無陵所。
僖祖	郭諶	齊陵	無陵所。
義祖	郭蘊	節陵	無陵所。
慶祖	郭簡	欽陵	今地不可考。
本　朝			
太祖	郭威	嵩陵	河南省鄭州市新鄭市郭店鎮郭店村。
世宗	柴榮	慶陵	河南省鄭州市新鄭市郭店鎮郭店村。
恭帝	柴宗訓	順陵	河南省鄭州市新鄭市郭店鎮郭店村。

　　後周皇陵位於鄭州市新鄭市城北約18公里的郭店鎮郭店村西南一帶，包括嵩陵、慶陵、懿陵、順陵。

　　嵩陵（太祖郭威墓）位於郭店村西南約1公里處。現存冢高10公尺，周長105公尺。臨終前告嗣帝柴榮說：他的家鄉河北省邢台市隆堯縣郭園村，至今流傳著「葬之失禮，入土為安。後周遺風，紙衣瓦棺」的民謠。〔註3〕

　　慶陵（世宗柴榮墓）位於郭店村西南陵上村。現存冢高10公尺，周長105公尺。明初，建有正方形陵園，邊長約200公尺，四周磚牆。大門朝南，院內有甬道，寬3公尺，長80公尺，直達墓前。陵墓四周植柏樹，墓前築有方形祭壇，祭壇附近碑石林立。民國年間，軍閥混戰，陵園被毀，今僅存御製祭文碑30多通。〔註4〕

　　懿陵（世宗皇后符氏墓）位於慶陵東側，現存冢高3公尺，周長30公尺。

　　順陵（恭帝柴宗訓墓）位於陵上村東北處，現存冢高4公尺，周長40公尺。

〔註3〕1992年修《新鄭縣志》，西安：陝西人民出版社，第22篇文物，古蹟，頁496～497。

〔註4〕1992年修《新鄭縣志》，西安：陝西人民出版社，第22篇文物，古蹟，頁496～497。

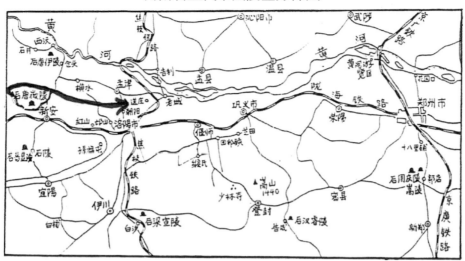

河南省五代帝國陵墓分佈圖

此據王重光、陳愛娣：《中國帝陵》，敏聰修正。

（後唐明宗徽陵在洛陽市送莊鄉，原圖誤標在新安縣附近）

第六節　十國陵寢

一、吳國陵寢

帝　系	姓　名	陵　名	陵　　　　地
武帝	楊行密	興陵	今地不可考。
景帝	楊承天	紹陵	今地不可考。
宣帝	楊隆演	肅陵	今地不可考。
睿帝	楊溥	平陵	今地不可考。

二、吳越陵寢

帝　系	姓　名	陵　名	陵　　　　地
先　世			
	錢寬		浙江省杭州市臨安市錦城鎮太廟山南坡、明堂山。
本　朝			
武肅王	錢鏐		浙江省杭州市臨安市錦城鎮太廟山南坡、明堂山。
文穆王	錢元瓘		浙江省杭州市臨安市玉龍山。
忠獻王	錢弘佐		浙江省杭州市臨安市玉龍山。

忠遜王	錢弘倧		浙江省紹興市會稽秦望山。
忠懿王	錢弘俶		河南省洛陽市賢相里陶公原。

三、前蜀陵寢

帝　系	姓　名	陵　名	陵　　地
高祖	王建	永陵	四川省成都市老西門外黃龍溪（金河）邊。
順正公	王衍		陝西省西安市長安縣三趙村。

四、楚國陵寢

帝　系	姓　名	陵　名	陵　　地
武穆王	馬殷		湖南省衡陽市上潢。
衡陽王	馬希聲		今地不可考。
文昭王	馬希範		今地不可考。
廢王	馬希廣		湖南長沙瀏陽門外。
恭孝王	馬希萼		今地不可考。
後主	馬希崇		今地不可考。

五、閩國陵寢

帝　系	姓　名	陵　名	陵　　地
太祖	王審知	宣陵	福建省福州市蓮花山
嗣王	王延翰		今地不可考。
惠宗	王璘		福建省福州市蓮花山。
康宗	王昶		福建省福州市胭脂山。
景宗	王曦		福建省福州市胭脂山。
天德帝	王延政		福建省南平市建甌市。

六、南漢陵寢

帝　系	姓　名	陵　名	陵　　地
烈宗	劉隱	德陵	廣東省廣州市番禺區北亭村青崗北坡、大香山南坡。
高祖	劉龑	康陵	廣東省廣州市番禺區北亭村大香山南坡。
殤帝	劉玢		今地不可考。
中宗	劉晟	昭陵	廣東省廣州市蘿崗區石馬村。
後主	劉鋹		廣東省韶關市曲江區越王山。

七、荊南（北楚、南平）陵寢

帝　系	姓　名	陵　名	陵　　　　地
武信王	高季興		湖北省荊州市江陵縣龍山。
文獻王	高從誨		湖北省荊州市江陵縣龍山。
貞懿王	高保融		湖北省荊州市江陵縣龍山。
侍中	高保勗		今地不可考。
侍中	高繼沖		今地不可考。

八、後蜀陵寢

帝　系	姓　名	陵　名	陵　　　　地
高祖	孟知祥	和陵	四川省成都市北郊磨盤山。
後主	孟昶		河南省洛陽市。

九、南唐陵寢

帝　系	姓　名	陵　名	陵　　　　地
烈祖	李昪	欽陵	江蘇省南京市江寧區東善鎮西北高山南坡。
元宗	李璟	順陵	江蘇省南京市江寧區東善鎮西北高山南坡。
後主	李煜		河南省洛陽市北邙山。

十、北漢陵寢

帝　系	姓　名	陵　名	陵　　　　地
世祖	劉旻（崇）		山西省呂梁市交城縣。
睿宗	劉承鈞		今地不可考。
少主	劉繼恩		今地不可考。
英武帝	劉繼元		今地不可考。

十一、吳越國王陵（含吳漢月墓）

　　吳越國王陵位於臨安市和杭州市，係五代吳越國王錢鏐及父母、子媳的一組墓葬。有第二代吳越國王錢元瓘墓，錢鏐之父母錢寬墓和水邱氏墓，第2代國王錢元瓘正室恭穆王后馬氏墓（康陵）及側室吳漢月墓。

　　錢寬卒於唐乾寧二年（895），水邱氏卒於唐天復元年（901），墓葬位於西市街明堂山之陽，兩墓東西並列，結構為船形多耳式券頂磚式墓。水邱氏墓頂部繪有二十八宿和北斗天文圖。

　　墓內出土的秘色瓷器，胎質細膩，釉色以青灰為主。白瓷器的器口和圈足鑲有金扣或銀扣，器底刻有「官」、「新官」款。有些墓內還出土了珍貴的金銀器和玉器。2012 年出版有《晚唐錢寬夫婦墓》，北京：文物出版社。

　　錢鏐墓位於臨安市錦城東北面的太廟山，墓前神道兩側有石像生，未發掘。康陵位於玲瓏鎮祥里村松樹山，葬於天福四年（939），為帶斜坡墓道的長方形豎穴土坑磚石結構墓，墓室分前中後三室。墓室石壁上有彩繪，雕刻牡丹、四神和十二龕生肖像。

　　吳漢月墓位於杭州市上城區施家山南麓。吳漢月（912～952 年），錢塘（今浙江杭州）人，吳越國王錢元瓘妃、錢弘俶生母。1958 年發掘，墓室為土坑石槨墓，呈長方形，分前後二室，前室為過庭，用於擺放一些隨葬品，後室為主人棺室。前室石扉雕有雙手持幡的兩侍女像，形態逼真。後室四壁上端刻寶相花帶，極具裝飾性。中部浮雕四神。四壁下部浮雕十二星宮神像，自北壁正中「子」開始，順時針方向排列，現尚有八龕保存較完整。墓後室頂板原刻有天文星象圖，圖刻的二十八宿，位置相當準確，是研究中國古代天文史的重要資料。現藏於杭州碑林。

　　吳漢月墓室中出土多件瓷器、玉器，墓中精美的浮雕，都代表著吳越國很高的工藝成就。〔註5〕

　　墓背靠太廟山，左右列距青龍白虎兩砂，與功臣山遙遙相對，陵區內築有牌坊、錢王祠、州祠、凌煙安國樓等景點。到處是蒼翠的松柏、淒迷的芳草，登上安國樓，青山綠水秀麗美景盡收眼底。昔為「臨安十景」之一：錢王古冢〔註6〕

十二、前蜀王建墓

　　王建墓，史稱永陵，位於四川省成都市金牛區永陵路，為五代前蜀（907年～925 年）高祖王建的陵墓。

　　20 世紀 40 年代，四川博物館對王建墓進行考古發掘，在棺床上發現完整的宮庭樂隊形象，出土了兔頭龍身諡寶、銀鉢、玉哀冊、琥珀、銀豬等 20 餘件文物，為研究晚唐及五代時期的建築、音樂、舞蹈、服飾、朝廷禮制等提供了寶貴的實物資料，具有較高的藝術價值。

〔註5〕《中國文物地圖集・浙江分冊》，北京：文物出版社，2009 年，頁 339。

〔註6〕http://baike.baidu.com/item/吳越國王陵。

民國二十九年（1940 年）秋，因王建墓一帶下挖建防空室，王建墓被馮漢驥先生首次發現。

民國三十年（1941 年）春，四川博物館成立後，方由等開始擬定王建墓的發掘工作。

民國三十一年（1942 年）9 月 15 日～11 月，四川博物館考古人員對王建墓進行了第一次考古發掘，出土二十四伎樂浮雕，還在墓室裡發現一件兔頭龍身諡寶。

民國三十二年（1943 年）3 月 1 日～9 月，中央研究院歷史語言研究所和中央博物院考古工作隊對王建墓進行第二次考古發掘。

1979 年 1 月，王建墓正式對外開放。

王建墓墓冢呈圓形，高 15 公尺，是用土壘築而成，基部周圍用條石壘砌，佔地面積 6.8 畝，陵台外有磚基 3 道，正南磚基之間建包磚夯土墩 1 對，墓室南向，無墓道，為紅砂石建築，全長 23.4 公尺，由 14 道石券構成，分為前、中、後三室，室與室之間有木門間隔；前室相當於羨道，在第 3 道券額上殘存有填紅、綠二色彩繪，繪寶相花紋，中室為主室，土建的棺木置於中室棺床上；棺床為須彌座式，兩側列置十二力士半身雕像，作浮抬棺床之狀，棺床東、西、南三面浮雕 24 名樂伎，其中舞者 2 人，奏樂者 22 人，操著琵琶、拍板、篳篥、笙、簫、笛、鼓、吹葉等，彈、擊、拍、吹各種樂器共 20 種 23 件，樂伎四周及棺床北面飾龍、鳳、雲紋、花卉等圖案；墓後室設御床，上置石雕的王建像。

（一）墓門

王建墓墓門，前、中、後三室均有木門作間隔，門上鋪首、飾片、泡釘等尚存，諸銅器製作精細，表明鎏金。

（二）彩畫

王建墓墓室券頂塗有天青色，直牆部分塗朱色，在第三道券的券額上，殘存一段彩畫，為紅、綠二色繪寶相花。

（三）棺床

王建棺床為須彌座式，上鋪珉玉版，有三層木台階，木台階上置棺槨，棺內有大量水銀及各類隨葬品。棺床四周浮雕伎樂、花鳥、雲龍圖像，紋飾精美，均著彩或鎏金，棺床兩側置半身石雕「十二力士」，或謂「十二神」，

作浮抬棺床狀。

（四）二十四伎樂

王建墓二十四伎樂，雕刻在棺床壼門之內，東西兩面各 10 人，南面 4 人，均為女性，其中舞者 2 人，演奏各種樂器 22 人，共有 20 種 23 件樂器，樂器編制屬龜茲樂系統，石刻生動。

（五）油缸

王建墓油缸，缸內盛油置燈，此即「長明燈」，又稱「萬年燈」。照常規，此缸應置於墓主腳下，即棺床南端，此似為特例。

（六）石床

王建墓石床象徵帝王生前的御床，石床前端浮雕龍即獅形獸等神獸形象，正中安放王建像。前置雙重寶匣，兩側分列諡冊匣與哀冊匣。

王建墓內出土隨葬品有王建木門鎏金銅釘、王建銀劍鞘、王建墓小玉片、鎏金銅鋪首、兔頭龍身諡寶、銀鉢、王建墓鎏金弓形銅釦、王建墓冊合銀扣、王建墓銀盒、王建墓門鎏金銅飾片、王建墓銀圈、王建墓銀搔手、玉哀冊、王建像、王建墓銅鋪首、銀盤、銀扣飾、玉環、玉大帶、琥珀、銀豬等 20 餘件。

（七）王建銀劍鞘

王建墓內出土的王建銀劍鞘，材質為銀質，所處時代為五代前蜀（907 年～925 年），長 28 公分，中部殘破缺損有 4.5 公分。〔註7〕

十三、閩王王審知墓

閩王王審知墓，即唐忠懿王陵，閩國時期稱為宣陵〔註8〕，是五代十國時期閩國開國君主王審知的陵墓，位於福建省福州市晉安區新店鎮斗頂村斗頂山。陵墓建有享殿、牌坊和蓮花、永興二寺。墓建三層台和石刻。現被毀嚴重。根據《十國春秋》的記載，1430 年（明朝宣德五年），種屯軍三十人盜掘王審知墓，因為墓室石門極為堅固，便從上面揭頂而入，盜掘了墓中的王審知畫像和許多金銀珠寶。因為分贓不均而對簿公堂，臺司副使李素魯、僉事鄒穆得知後，將他們擒獲。諸生王琨自稱是王審知的後人，出示了家譜中關於王審知墓

〔註7〕 http://baike.baidu.com/item/王建墓。
〔註8〕 《十國春秋》，卷九十、閩一。

中寶藏的記載。官府便按其記載，將財寶追回。〔註9〕

十四、南漢二陵

南漢二陵位於廣州市番禺區的小谷圍島上，五代十國時期南漢國兩位國君的陵墓。

2003 年 2 月在番禺區新造鎮小谷圍島上興建廣州大學城，隨即對島上文物進行全面調查，期間發現二陵。入選 2004 年中國考古十大新發現名列第八位。

德陵北亭村青崗北坡、大香山南坡，被考古工作者認定為南漢烈宗劉隱的陵墓。南距康陵 800 公尺，由墓道、封門、前室、後室四部分組成，座南朝北。墓室已被盜，文革時期當作防空洞，但墓道中出土的青瓷罐和釉陶罐，為廣州首次發現大量的五代瓷器。〔註10〕

康陵位於北亭村大香山南坡，南漢高祖劉龑的陵墓，葬於 942 年。其依山坡地勢南北向興建，地面有陵園和陵臺，地下等玄宮。陵體成圓丘形，四周繞以長方形圍牆，大約東西寬 57.3 公尺，南北長 96.8 公尺。墓中出土的一塊完整的哀冊文石碑，為中國考古發掘中首次出土的完整哀冊全文，也是目前年代最早的一塊哀冊文石碑。

十五、南漢昭陵

南漢昭陵原址位於廣東省廣州市蘿崗區石馬村，為五代十國時期南漢國中宗劉晟的陵墓，現已不復存在。昭陵葬於 958 年，陵墓三面環山，為券頂磚室，連斜坡形墓道。墓室全長 11.64 公尺，內分主室、過道和前室三部分。墓前原來立有石馬、石象等。〔註11〕1954 年發掘，發現墓室多次被盜，墓頂坍塌，結構已無法辨清，殘餘墓磚在發掘後全部被拆去，現已不復存在。

昭陵多次被盜，僅發現有青釉瓷罐 30 多件，深灰陶罐 100 多件，其中 4 件夾耳青釉瓷罐通高 19.4 公分，造型獨特。

昭陵少數墓磚在表面或一側刻畫文字，有「陳懷甫」、「張徊」、「六月十三日張匡□」和「乾和十六年四□興寧軍□」等字樣。其中前面 3 個可能是造磚者姓名。最後一塊墓磚中，乾和是劉晟的第二個年號，乾和十六年即

〔註 9〕維基百科。
〔註10〕全洪：〈南漢德陵考證〉，《文物》，2006 年 9 期。
〔註11〕廣東文化網：五代　廣州　南漢昭陵。

958 年。〔註 12〕〔註 13〕

十六、後蜀孟知祥墓

和陵即孟知祥墓，位於成都北郊約 7 公里的磨盤山南麓，是五代時期後蜀皇帝孟知祥的陵墓，史稱「和陵」，孟知祥墓是一座在南方罕見的帶北方草原建築風格的陵墓。古墓掩映在一片綠林之中，由於風雨的侵蝕，古墓內壁畫脫落嚴重，墓內陪葬品早年被盜，或許墓主人生前也沒有想到，作為自己死後享用的豐富陪葬，會被盜墓者洗劫一空，雖然墓穴內如今已經空無一物，但從墓室打磨精細的青石，四周石刻力士及龍鳳等浮雕，依稀能看到墓主人生前的華貴。

1971 年發掘，墓型特殊，分墓道及寶城兩部分，全用青石砌成。墓道長 12.5 公尺，由青磚砌作步梯。墓門為牌樓式石構建築，刻青龍白虎等浮雕；內側兩壁，畫男女官人彩繪像。墓室為圓錐形穹窿頂，中為主室，兩旁有耳室各一，結構相同，與主室相通。主室高 8.16 公尺、直徑 6.5 公尺。耳室高 6 公尺、直徑 3.4 公尺。主室中置須彌座青石棺台，台長 5.1 公尺、寬 2.7 公尺、高 2.1 公尺，前後各有圓雕裸體捲髮力士 5 人。發掘時墓已被盜，僅出土器物殘片及殘玉哀冊、諡冊、玉飾片。

乍看起來，孟知祥墓很像是一個大帳篷兩邊各帶了一個小帳篷。這種全用石頭砌築的穹窿頂結構的墓室，在中國南方極為罕見。就四川地區而言，迄今發現及發掘的唐五代時期的墓葬，大多為長方形券拱頂多室或單室墓，以前蜀永陵最具代表性。像孟知祥墓那樣具圓形穹窿頂結構的可謂特例。見到孟知祥墓的建築式樣，不禁令人想起南北朝著名的民歌《勅勒歌》:「勅勒川，陰山下。天似穹廬，籠蓋四野。天蒼蒼，野茫茫，風吹草低見牛羊」。

在深處南方內地的成都，何以會出現如孟知祥墓那樣頗具北方建築風格及草原文化色彩的陵墓呢？據介紹，這要歸結於孟知祥本人的經歷。孟知祥雖出身漢族官吏家庭，但屬沙陀部眾（沙陀源出突厥別部，即突厥族之後裔），自不免受其文化傳統及生活習俗的影響。因此孟知祥墓的建築風格毫無疑問與北方的穹窿有關，是穹窿居室文化在墓葬中的反映。

和陵破敗不堪，雖每年都進行保護性修繕，但因為年代久遠，加之風蝕嚴

〔註12〕 蘿崗旅遊信息網：南漢昭陵。
〔註13〕 http://zh.wikipedia.org/wiki/南漢昭陵

重，而且發掘時墓已被盜，僅出土器物殘片及殘玉哀冊、謚冊、玉飾片以及孟妻福慶長公主墓誌銘，但這些僅存東西保存在了省博物館，墓內空無一物，因此多年來都沒有向遊客開放。

成華區文廣局許副局長介紹說，成華區將對孟知祥墓重新進行規劃，加強修繕，爭取將保存在省博物館的出土墓葬文物回歸到孟知祥墓，讓孟知祥墓早日與遊客見面。〔註14〕

十七、南唐二陵

南唐二陵位於江蘇省南京市江寧區，東善鎮西北祖堂山的南麓，距南京中華門23公里。二陵所在的高山周圍約一平方公里，主峰海拔高度214公尺，自海拔150公尺以上為陡峻的山峰，岩石大部分外露，下至山腰而坡度較緩。滿山均生茅草，無樹木及耕地，山腳下有農田，種水稻。

烈祖李昇與皇后宋氏合葬的欽陵在高山的南麓上，當海拔 65 公尺的地方，隆起一個高約 5 公尺，直徑 30 公尺的圓形土墩，墓室及在此土墩下。

元宗李璟與皇后鍾氏合葬的順陵，在欽陵西邊稍微偏北的山麓上，中隔一山溝，距欽陵約 50 公尺，比欽陵低 5 公尺。此係依山為墳，其北面和西面，均與山相連，所以土墩的形狀不如欽陵的顯著。在此陵的南面和西南面，有人工堆成的土塊，可能是當時塋域的周界。

關於南唐二陵——李昇與李璟陵——的所在地，在過去的許多記載中，均無正確的指明。宋代馬令所著的《南唐書》〔註15〕和陸游所著《南唐書》〔註16〕都只記載了李昇和李璟的喪葬年月以及他們的陵名，而沒有具體的指出陵址，清代吳任臣所著的《十國春秋》〔註17〕和朱孔陽所輯的《歷代陵寢備考》〔註18〕兩書中有關陵寢的記載也是如此。只有清末張璜所繪的《金陵陵墓古蹟全圖》中有一段說明說：「南唐李氏烈祖光文蕭武孝高皇帝昇、元敬宋皇后葬永陵，在鎮江府丹徒縣東二十五里；元宗明道崇德文宣孝皇帝璟、光穆鍾皇后葬順陵，在江寧境；後主煜，陵在洛陽北邙山」。〔註19〕但這圖作

〔註14〕百度百科。
〔註15〕宋・馬令：《南唐書》，卷一和卷二。
〔註16〕宋・陸游：《南唐書》，卷一和卷二。
〔註17〕清・吳任臣：《十國春秋》，卷十六和卷十七。
〔註18〕清・朱孔陽輯：《歷代陵寢備考》，卷三十四。
〔註19〕張璜：《金陵陵墓古蹟全圖》。

者把李昇陵和李昇的養父徐溫的墓葬搞混了。據《歷代陵寢備考》卷三十四記載，丹徒縣東二十五里的那座墓葬應該是徐溫的，而不是李昇的〔註20〕至於李璟陵，這圖說在江寧境，是說對了，但沒有明確指出它在江寧縣那塊地方。因此上述種種記載，對於查考南唐二陵是無多大之幫助。

二陵的建築規模大致相同。在佈局方面，自外而內，分前、中、後三主室，每室都附有陳設隨葬品的側室。在結構方面，李昇陵的前中二室，用磚造，後室用石造，李璟陵全部磚造；二陵內四壁均倣木建築式樣，做出柱、枋、斗栱等。在裝飾方面，二陵均有彩畫，李昇並有石刻浮雕。

李昇陵規模較大，從墓門到墓室自外而內分前、中、後三主室；前室與中室東西兩邊各附一側室，後室東西兩邊各附兩側室，總計共十一室。全長 21.90 公尺，寬 10.12 公尺。

南唐二陵為保存得相當完整的兩座帝王陵墓，從它們可以看出唐宋間帝王陵墓制度的大概，也可以看出當時建築藝術的風格，因此，對它們具有的較突出的幾點加以說明。

（一）二陵都是因山治陵：這承襲了唐代的陵制，倚山為陵的方法，比平地造墓的方法要節省些，造的墓要堅固些。

（二）自秦漢以來，皇帝陵墓上的封土，多作方形層台狀，如漢武帝茂陵，唐代和北宋還是如此。二陵雖仿唐代制度，但封土呈圓形。這大致是由於地理環境和經濟條件所限制的緣故。因為在陝西、河南的平原上，用土築成方方形層台，是比較容易的。二陵位於山坡上，要將封土做成方形，必須將周圍大片地完全填平，這樣費工很多。不用此法，只在造成的墓室頂上和周圍加土填築，則自然呈圓形了。

（三）二陵建造的材料，都是磚石並用。這種例子，在漢墓中就有過。李昇陵用石材多，而李璟陵用石材少，正可反映當時經濟由盛而衰的情形。

（四）二陵後室皆有石製棺床，棺床始於漢及魏晉南北朝，而盛行於唐代，五代沿襲之。

男女陶俑二陵曾出土 190 件，為研究晚唐五代的雕塑藝術和服飾制度，提供了豐富的材料。由於他們的數量少，類別廣，因此能在一定程度上反映了當時的社會制度，特別是宮廷制度的一部分。

南唐雖曾據有江淮富庶區域，但到底是偏安局面，外有強敵，經濟力尚

〔註20〕清・朱孔陽輯：《歷代陵寢備考》，卷三十四。

可，基礎則不夠穩固，這便決定其文化發展的侷限性。它雖然從唐代偉大的文化遺產中繼承了許多東西，但在各方面都是因襲多，創造少（文學和繪畫除外），其閎麗瑰偉的氣慨，也遠遜於唐代。不過無論如何，它保存了唐代的典型，某些地方還下開宋代的風氣。研究自唐至宋文化的發展，這種過渡時期的資料是非常可貴的。〔註21〕

圖　版

朱溫陵

後梁太祖朱溫的宣陵，在洛陽市伊川縣白沙鄉。

後唐太祖陵

後唐太祖李克用的建極陵，在山西省忻州市代縣。（一）

後唐太祖李克用的建極陵，在山西省忻州市代縣。（二）

後唐太祖李克用的建極陵，在山西省忻州市代縣。（三）

〔註21〕南京博物院編：《南唐二陵發掘報告》，北京：文物出版社，1957 年。

唐莊宗雍陵

後唐莊宗李存勗的雍陵地望，在河南省洛陽市新安縣西沃鄉。今已沈入小浪底水庫內。

後唐明宗徽陵

後唐明宗李嗣源的徽陵，在洛陽市孟津縣送莊鄉。

後唐廢帝李從珂的徽陵在濟瀆廟後

濟源市濟瀆廟門

濟源市濟瀆廟後

石敬瑭陵

後晉高祖石敬瑭的顯陵，在洛陽市宜陽縣石陵鄉。

後周太祖郭威的嵩陵

河南新鄭市

後周世宗柴榮的慶陵

河南新鄭市

後周懿陵

後周世宗皇后符氏的懿陵（河南新鄭市）

後周懿陵文保碑

後周懿陵文保碑後簡介

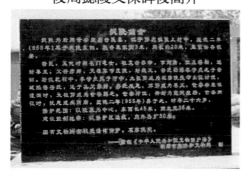

後周恭帝順陵

後周恭帝柴宗訓的順陵（河南新鄭市）

南唐二陵之一烈祖李昪欽陵外景　　南唐欽陵地宮

南京市　　　　　　　　前中 2 室用磚造，後室用石造，有石刻浮雕。

南唐欽陵墓門圖

南唐李昪陵墓室透視圖

分部造磚　分部造石

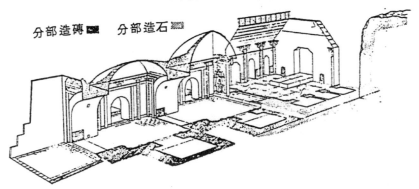

以上二圖取自《南唐二陵調查報告》，北京：文物出版社，1957 年。

南唐欽陵地宮浮雕

南唐元宗李璟的順陵

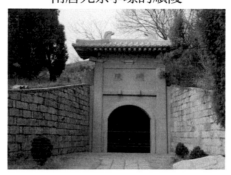

南唐元宗陵內部

前蜀王建墓

取自《長江の旅》，中國人民美術出
版社＋美乃美，1985 年。

前蜀王建永陵墓室

取自《中國の旅‧敦煌と西北、西南》，
日本，東京：講談社，1980 年。

王建永陵出土的玉腰帶

取自《中國の旅‧敦煌と西北、西南》，
日本，東京：講談社，1980 年。

第十七章　宋朝陵寢

帝　系	姓　名	陵　名	陵　地
先　世			
僖祖	趙朓	欽陵	河北省保定市清苑區望亭鄉束安村南 200 公尺。
順祖	趙珽	康陵	原葬河北省保定市清苑區望亭鄉東安村南 200 公尺。遷葬河南省洛陽市。
翼祖	趙敬	靖陵	原葬河北省保定市清苑區望亭鄉束安村南 200 公尺。遷葬河南省洛陽市。
宣祖	趙弘殷	永安陵	河南省鄭州市鞏義市西村鄉常封村。
本　朝			
太祖	趙匡胤	永昌陵	河南省鄭州市鞏義市西村鄉常封村。
太宗	趙光義	永熙陵	河南省鄭州市鞏義市西村鄉滹沱村。
真宗	趙恒	永定陵	河南省鄭州市鞏義市芝田鄉蔡莊村。
仁宗	趙禎	永昭陵	河南省鄭州市鞏義市城區（孝義鎮）。
英宗	趙曙	永厚陵	河南省鄭州市鞏義市城區（孝義鎮）。
神宗	趙頊	永裕陵	河南省鄭州市鞏義市芝田鄉八陵村。
哲宗	趙煦	永泰陵	河南省鄭州市鞏義市芝田鄉八陵村。
徽宗	趙佶	永佑陵	（一）浙江省紹興市上蔣鄉攢宮村寶山南麓。
			（二）河南省鄭州市鞏義市回郭鎮清易鎮。〔註1〕

〔註1〕徽宗被俘後，死在北國（東北）。紹興十二年（1142），金送還靈柩，葬於紹興寶山，為永佑陵，鞏義市清易鎮的永佑陵是衣冠冢，1958 年被夷平。

欽宗	趙桓	永獻陵	河南省鄭州市鞏義市回郭鎮清易鎮南嶺上。〔註2〕
高宗	趙構	永思陵	浙江省紹興市上蔣鄉攢宮村寶山南麓。
孝宗	趙昚	永阜陵	浙江省紹興市上蔣鄉攢宮村寶山南麓。
光宗	趙惇	永崇陵	浙江省紹興市上蔣鄉攢宮村寶山南麓。
寧宗	趙擴	永茂陵	浙江省紹興市上蔣鄉攢宮村寶山南麓。
理宗	趙昀	永穆陵	浙江省紹興市上蔣鄉攢宮村寶山南麓。
度宗	趙禥	永紹陵	浙江省紹興市上蔣鄉攢宮村寶山南麓。
帝㬎	趙㬎		
端宗	趙昰	永福陵	廣東省新會縣。
少帝	趙昺		廣東省深圳市赤灣天后廟西南。

宋太祖故里在《宋史》和《續資治通鑑長編》及其他文獻的記載則較多。《宋史・河渠志五》載：「宣祖以上，本籍保州。」宣祖即宋太祖趙匡胤之父趙弘殷，保州即今清苑縣。據《宋史・地理志二》的記載，保州當時僅管一縣，即由清苑縣改稱的保塞縣。《續資治通鑑長編》卷四十七載：「保塞縣豐歸鄉東安村，乃宣祖舊里也。」

宋先世三陵：俗稱宋三陵。《宋史・河渠志》載：「宣祖以上，本籍保州」。《清苑縣志》載：「黃狗窪在御城西隅，乃一畝泉石橋河匯為澱流入安州，俗傳為宋太祖故里」。又載：「宋三陵，在城東仙橋南，御城西北，宋太祖之高祖、曾祖及祖也」。

宋太祖建隆元年（公元960年），在汴京封祖立家廟，乾德初年才將永安陵從汴京移葬河南鞏縣四十里寨鄉鄧封村。《宋朝史實》載：宋真宗時，查實宋祖陵確在清苑，才將順祖、翼祖陵遷葬河南，以一品禮葬河南縣（今河南洛陽市），即僖祖陵由於沒有找到確切位置，只好放棄，順祖、翼祖陵遷葬後，此處僅剩僖祖陵。〔註3〕

北宋的陵寢制度大體上是沿襲唐代的，不同的是宋陵仍在平地營建陵台，各陵集中於不到二十里的範圍內，形成一個相當規模的陵區。出土的文物規格很高，大多為北宋初期和中期的遺物，跟河南鞏義北宋皇陵的規模、形制和雕刻風格極其類似。在中國歷代皇帝、貴族、官僚的墓地上，顯著地代表墓主等

〔註2〕 欽宗被俘後，死在北國，乾道七年（1171），金世宗以一品禮歸葬鞏義市清易鎮南嶺上，為永獻陵。
〔註3〕 1992年修《清苑縣志》，北京：新華出版社，頁600～601。

級地位的，就是墓前神道兩旁陳列的石刻群。

　　在東安村發現的兩個石虎，相距約 7 公尺，在距地表約半公尺處發現。石虎是中國封建時代貴族，大臣墓前石獸的一種，作為中國古代封建帝王陵寢前的陪葬石刻動物，有展示死者生前威儀和驅鬼避邪的功用。

　　清苑宋祖陵出土的石虎，從雕法、刻技和風格上來看，同河南鞏義趙宋皇陵神道前的石虎在形制上極其類似，同為北宋早期的雕刻藝術風格。造型雄偉高大，氣勢雄宏，全身無紋，刀法簡潔洗練，構思古樸。整個石虎呈伏臥的體態，頭高仰，雙眼凝視前方，全神貫注地守衛著墓中的主人公。由於長埋地下，外表剝蝕嚴重。其雕刻手法老練，頗有晚唐五代遺風，又有宋代新創。

　　在西列石虎南側 4.5 公尺處，有石象東西各一個。此外，還出土了石人，共三件，位於西列石象東南附近，距地表約 2 公尺。三件石人均頭戴幞頭，身穿圓領窄袖袍，腰束帶，從三件石人的衣著、手姿、面部表情看，屬侍俑類的控馬官。

　　清苑北宋祖陵遺址及其出土文物，對探究晚唐五代北宋初年皇室墓葬形制的演變，以及與河南鞏縣北宋皇陵、浙江紹興南宋皇陵進行比較研究，提供了極其珍貴的實物資料。〔註 4〕〔註 5〕

〔註 4〕 金家廣：〈河北清苑發現宋皇祖陵石像生〉，《文物》，2005 年 4 期。
〔註 5〕 苑竹：〈清苑宋祖陵〉，《保定日報》，2013 年 10 月 26 日。

鞏義宋陵分佈示意圖

取自《宋陵》,北京:文物出版社,1982 年 10 月。

　　北宋帝后陵簡稱宋陵。分佈在河南鞏義市孝義、芝田、西村、回郭鎮四個鄉鎮,佔地面積約 30 平方公里。北宋九帝,除徽宗、欽宗死於北國,太祖、太宗、真宗、仁宗、英宗、神宗、哲宗和宣祖(太祖之父趙弘殷)均葬於此,號稱七帝八陵,加上欽宗(1171 年歸葬鞏義)和徽宗衣冠陵計九帝十陵。另有祔葬后陵 21 座,親王、太子、公主墓 144 座,名將大臣墓 9 座,還有陪葬宗室子孫墓,構成了龐大的陵墓群。

　　北宋帝后陵是中國保存較完整的陵區之一。它的建築制式和石刻造像,對研究北宋歷史具有重要價值。特別是現存的近千件石刻造像,藝術高超,刀法細膩,是中國最大的石刻群。〔註 6〕

〔註 6〕 1991 年修《鞏縣志》,鄭州:中州古籍出版社,1991 年,頁 624。

整個皇陵區南北長約十五公里，東西寬近約十公里。

八陵建制大體相似，每一陵均由「上宮」、「下宮」與石刻群組成。上宮的前奏由鵲台、乳門、神道和石刻群組成。「上宮」是陵墓的核心，由獻殿和靈台組成。在地面以上用夯土築成陵台（墓塚），陵台之下即為地宮，是安放梓宮（靈柩）的地下宮殿。

上宮四周有圍牆環繞，每面正中開有神門，圍牆四角布置有角闕，東、北、西、三神門之外各置有石獅一對，南神門外長度有113～155公尺左右的神道上佈置有雄偉壯觀的石刻群，自北向南依次排列有宮人、武士、文武大臣、外國使臣、羊、虎、馬（旁立控馬官）、角端（或稱辟邪）、瑞禽、象（旁立馴象人），最南端立兩望柱，總計58件。望柱南有兩夯土台、稱為乳台，乳台南百餘公尺處，還有兩「鵲台」，均夯土台，當年乳台、鵲台均建有樓觀，今已無存。

在北神門以北，有后陵和下宮，下宮包括正殿、影殿和齋殿。正殿是臨時停放皇帝靈柩的地方；影殿在正殿北面，內掛皇帝畫像和睡像；齋殿在最後，是祭祀的殿堂。東西廡殿和院落是守陵官員、衛兵和宮人的住房。

整個陵園，包括上宮、宮城、地宮、下宮和祔葬的后妃陵墓在內，統稱「兆域」。在宋代兆域四周植樹木為籬，不建牆垣。兆域內種植大量的松柏枳橘等樹木，禁止樵採放牧。

現在八陵的地面以上木構建築已全部蕩然無存，僅石刻保存較多，地宮，僅永熙陵北的祔葬后陵因被盜墓者挖一洞，做搶救性的發掘，係磚砌八角形墓室，每一轉角均有角柱，上面有柱頭四鋪做斗栱，斗栱之上有磚砌椽頭、望板、瓦檐等。瓦檐以上為磚穹隆頂，頂部繪有天象圖，圖下繪有宮殿樓圖的。

一、永安陵

宋太祖趙匡胤父趙弘殷的陵墓。趙弘殷生前為後周檢校司徒、天水縣男，後周顯德三年（956年）歿，原葬開封東南隅。趙匡胤稱帝後，追封趙弘殷為宣祖，並將其靈柩遷葬於西村陵區。由於趙弘殷生前沒有當過皇帝，永安陵雖稱帝陵，但陵園規模比以後建造的七個帝陵要小得多。陵前石雕群不但數量少，形體也小。然而這些石雕造像雕法敦厚樸實，有濃厚的晚唐遺風。

二、永昌陵

宋太祖趙匡胤（927～976年）的陵墓。陵址在西村陵區。趙匡胤原來是

後周殿前都點檢，後周顯德七年（960年），他在開封東北的陳橋驛發動兵變，建立宋朝。在位十六年。開寶九年歿。兆域內祔葬后陵五座和皇親墓一百多座。永昌陵陵園規模宏大，奠定了後代宋陵的建制。該陵石雕是北宋早期石雕的代表，刀法洗煉，比例適度。工匠用細膩的刀法刻劃出文臣、武將由於皇帝喪亡而引起的悲痛，神態生動。

三、永熙陵

宋太宗趙光義（939～997年）的陵墓。趙光義是趙匡胤的弟弟，在位二十二年。至道三年（997年）歿。此陵在永昌陵西北約七十二公尺。陵園的神牆、角闕遺址尚存。兆域內祔葬后陵三座。永熙陵的石刻造像雄偉，藝術性高。當地群眾對宋陵石雕有這樣的評介：「東陵獅子西陵象，濠沱陵上好石羊」。東陵指永裕陵，西陵指永泰陵，濠沱陵就是永熙陵。永熙陵的石羊，昂首靜臥，形象優美。無論從造型藝術或雕刻技法上講，都是宋陵中最優秀的。

其中元德李后陵於1984～1985年間已被發掘。此陵地面現存遺蹟有靈台、石像生和部分闕台。地宮自南向北依次為磚砌斜坡墓道、甬道和圓形墓室，甬道中部設石墓門。墓室直徑7.95公尺，周壁用平磚砌築，隱出10根倚柱將其分作11個壁面，並雕有桌、椅、燈檠、衣架和門窗等裝飾。倚柱上置仿木構單昂四鋪作斗栱，上承屋檐，屋檐以上部位原繪有壁畫，惜有的已脫落，有的漫漶不清。穹隆頂表面青灰地上用白粉繪出銀河及星辰。墓門直額線刻兩飛天。兩扉各刻一高3.8公尺的披甲武士，其魁偉狀為歷代石刻畫像所罕見。此墓是已發掘的北宋紀年墓中墓室裝飾仿木構磚雕和壁畫年代最早的一座，從而為同類墓葬的分期樹立了標尺。此墓曾兩度被盜，僅遺留少量破碎器物。其中的玉冊兩副（謚冊、哀冊）均殘。謚冊冊文與文獻所載元德李后謚冊冊文吻合，而哀冊冊文卻與文獻記載不符。後者所記「四月戊申朔」與元德李后入葬時間相符，據此可確定墓主人即為元德皇太后。這是第一座經科學發掘的宋代帝后陵墓。〔註7〕

四、永定陵

宋真宗趙恒（968～1022年）的陵墓。趙恒是趙炅（光義）的第三子，

〔註7〕《文物考古工作十年·1979～1989》，北京：文物出版社，1990年。頁187～188。

在位二十六年，乾興元年（1022 年）歿。陵址在芝田陵區。兆域內祔有三座后陵和高懷德、寇準、包拯等功臣墓。永定陵現存地面雕刻造像，是宋陵中保存最完整的。該陵石象造型碩大，象座四圍刻的牡丹纏枝花紋是宋陵所獨有的紋樣。韃褥兩側有蓮花鐙。象奴著胡服，披髮捲曲，飾寶珠，頗有特色。

五、永昭陵

宋仁宗趙禎（1010～1063 年）的陵墓。趙禎是趙恒的第六子，在位四十一年。嘉祐八年（1063）歿，陵址在孝義陵區。兆域內祔葬后陵一座。永昭陵陵園遺址和石刻造像保存完整。該陵東西側的一對角端，牝牡特點明顯，形體比例準確。文臣武將雕像造型修長，刻工細致，鎮陵將軍甲胄上的花紋雕刻技法精巧。

六、永厚陵

宋英宗趙曙（1032～1067 年）的陵墓。仁宗趙禎無子，以濮安懿王趙允讓第十三子趙曙為太子。趙曙在位四年。治平四年（1067 年）歿。陵址在孝義陵區。兆域內祔葬有后陵　座及趙普等功臣墓。該陵石刻造像保存較完整。陵前望柱的紋飾為單線陰刻，八個棱面分為八組，雲龍花紋雕刻精細，是宋陵線雕作品中的佳作。

七、永裕陵

宋神宗趙頊（1048～1085 年）的陵墓。趙頊是趙曙的長子，在位十八年。元豐八年歿。陵址在回郭鎮陵區。兆域內祔葬后陵六座。趙頊支持王安石變法，是一個勵精圖治的君主。該陵石雕是宋陵石雕造像晚期的代表，造型和雕刻技法都比較成熟。特別是南神門外的一對石獅，刻劃得極有特色。牡獅張口怒目，威武雄健，牝獅披鬣佇立，形態溫馴，是宋陵石獅造型中最成功的作品。

八、永泰陵

宋哲宗趙煦（1077～1100 年）的陵墓。趙煦是趙頊的第六子，在位十五年。元符三年（1100 年）歿。陵址在回郭鎮陵區。在該陵西北的劉后陵尚存有一段高達四公尺多的神牆，是宋陵地面上唯一保存的神牆遺迹。永泰陵石刻造像保存尚好。該陵石象造形雄偉，形象逼真，是宋陵十四件石象中最成功的作

品。象奴飾大耳環包頭，著緊身短袍，比例準確，神情生動。〔註8〕

宋陵所存的石刻群非常珍貴，可見出北宋前、中與後期雕刻藝術的時代風格之差別，而且印證了宋代官方所頒佈的《營造法式》一書中石雕制度的種種雕刻手法。其中永昌陵的石刻反映了宋陵前期的雕刻風格，粗獷簡明，造型古樸。永裕陵石雕則是宋陵後期的代表作，造型生動，風格絢麗，其望柱上線刻海石榴花紋剛勁流暢；上馬石以剔地突起，壓地隱起兩種刻法雕成的雲龍紋，層次分明，刻劃深入而細膩，富於表現力。上宮神門外的石獅以圓雕手法雕成，是宋陵石獅中造型最完美的作品，其形態威武，栩栩如生，都是宋代雕刻遺物中的珍品。

宋代陵寢制度規定，皇帝死後七個月須下葬，陵墓工程只能在七個月內完成。

北宋皇陵所有陵墓使用的石材無不由粟子嶺採取。至於粟子嶺的地望及地理特徵，永定陵修奉採石記有所描述，其云：「緱氏縣（今屬偃師市）南有粟子嶺者，蓋少室之西山、萬安之東嶺也。多產巨石，岩稜溫潤，罕與為比」。宣仁聖烈皇后山陵採石之記又指出：「緱氏鎮之西南二十餘里有山嶺最高，形如委粟，俗號粟子嶺」。此所謂少室、萬安皆山名，少室係指嵩山西側主峰少室山，萬安則是偃師市西南水泉口西祖師廟山的古名，兩者東西相距三十餘公里。按照這些記述，粟子嶺當從少室山與祖師廟山之間、尤其是緱氏鎮西南十餘公里的地段求之，是為探尋宋陵採石場提供了重要依據。

考古工作者在此間訪問，遇到一位熟知家鄉山水的本地石工，他將考古工作者帶進一條長達數公里的山谷，這山谷在牛心山東，出產優質青石，谷底有泉，兩岸山崖上到處是採石造成的斷層及形狀、大小各不相同的採石坑，在山谷深處，還發現了與宋陵採石有關的題記。顯然，這裡正是人們期望找到的宋陵採石場所在地。

這宋陵採石場，地處偃師市南部山區青夢山前之南橫嶺南麓，距宋陵直線距離約二十五公里。今天，欲往採石場，可由偃師南部之大口鎮出發，沿公路南行，過焦村煤礦（或馬村）後，轉向東南，翻越一道山梁，迤邐向前，穿過翟灣，至白堖，即抵採石場所在山谷口。

採石場山谷，谷口較為開闊。谷底之山泉、溪流，逢天旱即乾涸。循溪而

〔註8〕河南省開封地區文物管理委員會、河南省鞏縣文物管理委員會，傅永魁執筆：《宋陵》，北京：文物出版社，1982年。

上，東南行約里餘，北側山崖上可以看到幾處高僅二、三十公分的淺造像龕，造像面目模糊或損毀，多無題記，似為近代人所為。更前行，溪谷變窄，大小河光石及採石廢料充滿其間，大者大於臥牛，小者不及雞卵；兩側谷壁陡峭，層岩裸露，岩面或似階梯，或作橫向凹槽，隨處可見人工開鑿痕迹。從岩石斷面看，這裡的青石，為石灰岩，色青黑而潤澤，質純淨堅實而細膩，既可作大型雕刻，又宜於製作細部花紋，完全符合雕造陵墓石刻的要求。〔註9〕

　　徽宗初葬五國城，後葬紹興。徽宗本於靖康之難被裹脅北上，至金上京（黑龍江省哈爾濱市阿城區南），被封為昏德公，死於紹興五年。至紹興十一年，宋金第一次和議，和約條款內有金歸還徽宗梓宮及韋太后（高宗生母）。

　　《歷代山陵考》：「金葬欽宗于鞏洛之原，以一品禮。」欽宗永獻陵：《宋史・孝宗紀》：「乾道七年五月庚寅，金人葬欽宗於鞏原。」又《朝野雜記》：「欽宗之喪，遙上陵名曰永獻，乾道中，朝廷遣使求陵寢地，金人許以遷奉，且並歸靖康帝梓宮，朝廷難之，金人乃以禮陪葬於鞏云。」按《綱目續編》：「欽宗為金人所葬鞏，欽宗陵今亦無考。」《鞏縣志》：「《輟耕錄載》：『楊髡發紹興諸陵之時，言徽、欽葬五國城，數遣使，祈請於金，凡六、七年，而後許，至是被發掘徽、欽二陵皆空無一物，徽陵有朽木一段，欽陵有木燈檠一枚而已。蓋當時小料其非真，不欲逆詐，亦以慰一時之人心耳。而二帝遺骸浮沈沙漠，初未嘗返也。又孫暘曰：徽欽二帝陵在高麗地方，二陵大如山，高麗人皆知為二帝陵也。蓋金源幅員甚廣，高麗北境皆其地。彼時葬二帝於此，以空柩歸中國耳。據是則會稽之徽、欽陵與鞏縣之欽陵皆非其實矣。』」

九、南宋六陵

　　紹興今仍存有宋六陵，葬六位宋帝。紹興宋陵，其正名應為「攢宮」即一時安定之所，宋人以歸葬宋帝於鞏縣為目標。但蒙古人入浙江後悉挖掘之，按《歷代山陵考》：「元世祖至正二十二年，詔發宋會稽諸陵寢，以取寶器。」由番僧楊璉真伽主其事。一直到明太祖時才修復，今宋六陵只賸陵碑。按《紹興府志》：「嘉定十七年閏八月，寧宗崩，其冬，命吏部侍郎楊華為按行使，華歸奏云，獨泰寧寺之西，山岡偉峙，五峯在前，直以上皇青山之雄，翼以紫金白鹿之秀，層巒朝拱，氣象尊崇，有端門旌旗簇仗之勢，加以左右環抱

〔註9〕中國社會科學院考古研究所漢魏故城考古隊、偃師縣文物管理委員會：〈河南鞏縣宋陵採石場調查記〉，《考古》，1984 年 11 期。

顧視有情，吉氣豐盈，林木榮盛，以此知先帝弓劍之藏，蓋在於此，尋令太史局卜格，一起一伏，至壬而後融結，於法最宜。詔遷寺以其基定卜上陵名曰永茂。」〔註10〕

宋六陵位於上蔣鄉攢宮村寶山南麓。《宋史‧禮志》：「哲宗昭慈聖獻皇后孟氏，紹興元年四月崩。」「六月，殯於會稽上亭鄉。」萬曆《會稽縣志》：「諸陵並在寶山，今名攢宮山。」陵共 7 座，曰隆祐攢宮（徽宗歸葬後改永祐陵）、高宗永思陵、孝宗永阜陵、光宗永崇陵、寧宗永茂陵、理宗永穆陵、度宗永紹陵。世稱「宋六陵」。嘉泰《會稽志》：「紹興元年四月十四日，奉隆祐皇太后遺誥：『斂以常服，不得用金玉寶貝，權宜就近擇地攢殯，候軍事寧息，歸葬園陵。所製梓宮，取周吾身，勿拘舊制，以為他日遷奉之便。』」《宋史‧禮志》：「攢宮方百步，下宮深一丈五尺，明器止用鉛錫。置都監、巡檢各一員，衛卒百人。」

萬曆《會稽縣志》：「元至戊寅，西僧楊璉真珈奏發諸陵，宋遺民山陰唐珏潛易以偽骨，取真者埋之山陰天章寺前，陵園遂廢。」「諸陵僅存封木，唯孝、理二陵獻殿三間繚以周垣。」明洪武二年（1369），太祖朱元璋敕遺骸歸故陵，並加修葺，後於陵右建唐義士祠。「洪武三年，遣官訪歷代帝王陵寢，令各行省臣同詣所在審視陵寢並其圖以進。」「九年，令五百步之內禁人樵採，設陵戶二人，有司督近陵之人看守。」乾隆《紹興府志》：「雍正七年三月，飭令該地方官於宋高宗以下六陵加意防護，春秋致祭。」其後，陵園荒廢。至 1970 年後，墾為茶園，諸陵地面建築盡圮，僅存蒼松 8 叢。〔註11〕

康熙《會稽縣志》卷首之〈宋六陵圖〉，何忠禮〔註12〕認為該圖「不僅比例不確，而且陵址錯淆」，不足為憑。但是鄭嘉勵〔註13〕認為，該圖反映明末清初的宋六陵面貌還算比較忠實，實際上該圖還反映了明初的宋六陵情況，因為明代修陵也就是明萬曆年那次。但是同意何忠禮關於陵址錯淆的說法，永阜陵「在永祐陵下宮之西南，永思陵下宮之東南」修建。謝后（成肅）晚十四年卒，葬永阜陵正北。光宗永崇陵安穴在「永阜陵西，永思陵下空閑地段」。認

〔註10〕蔣維喬：《因是子遊記》；謝敏聰：《中國歷代帝王陵寢考略》，台北：正中書局，1979 年修正再版，頁 136～137。

〔註11〕1995 年修《紹興市志》，杭州：浙江人民出版社，頁 2168。

〔註12〕何忠禮、俞觀清：〈南宋六陵考略〉，《杭州大學學報》，1986 年 15 卷第 2 期，頁 104～116。

〔註13〕鄭嘉勵：〈南宋六陵諸攢宮方位的復原意見〉，《考古與文物》，2008 年第 4 期，頁 63～68。

為應根據《宋會要輯稿》對陵名加以調整。該圖中的「孝宗」應為「高宗」，「光宗」應為「孝宗」，「高宗」應為「光宗」，「寧宗」位置不變。

南宋故老周密《癸辛雜識》言陵區內有欽宗陵，顯係誤傳。然而經過多次轉抄的《宋會要輯稿》雖然是現存宋代史料中最原始、最豐富、最集中的一部，因而也是史料價值最高的一部，但是「脫、衍、誤、倒之處，觸目皆是」。〔註14〕我們對其記載能夠堅信不疑嗎？因此，康熙《會稽縣志》的〈宋六陵園〉與《宋會要輯稿》之間的矛盾現在還無法得到明確的是非判斷。但是祝煒平、葛國慶、王幫兵、余建新認為，既然《宋六陵圖》是明初宋六陵面貌的記載，可以暫時認為其比較準確。〔註15〕

至於端宗葬永福陵，宋史二王本紀不載。今廣東中山市南五十里壽星塘有疑陵，相傳馬南寶葬宋端宗於此。按《續通鑑綱目》：「祥興元年九月，葬端宗皇帝於厓山。」《行朝錄》：「宋祥興元年九月壬午朔葬端宗於厓山，民相傳有幼主墓，而為之諱其處。」《續文獻通考》：「端宗移師香山，崩於舟中，葬壽星塘，今莫知陵所在。」《番禺客語》：「端宗陵，在香山者非也，舊志相傳碙厓塘側有陵跡五處，今亦不知所在。」〔註16〕

宋少帝陵，深圳市文物保護單位，位於廣東省深圳市南山區赤灣村少帝路。始建年代不詳，據《趙氏族譜》載：「後遺骸漂至赤灣，有群鳥飛遮其上。山下古寺老僧偶往海邊巡視，忽見海中遺骸漂蕩，上有群鳥遮居，設法拯上，面色如生，服式不似常人，知是帝骸，乃禮葬於本山麓之陽」。宋少帝陵墓碑刻有「大宋祥興少帝之陵」，兩旁有對聯「黃裔於今延宋祀，赤灣長此築皇陵」字樣。墓前有祭壇和祭台，左右立兩隻石獅。墓東立有「宋帝昺陵墓碑記」一通，碑為泉州白石碑，寬 1 公尺、高 2 公尺許，碑文用篆體陰文，為書法家商承祚所寫。碑背面刻有「崖海潛龍，赤灣延帝」八個大字，為書法家秦萼生所書。墓西有一花壇，壇旁建有四柱黃琉璃瓦頂休息亭。一旁還有大理石碑刻的宋少帝陵的簡介。現墓為 1984 年由香港趙氏後裔出資擴建重修，並增建陸秀夫背負少帝殉海塑像。宋少帝陵是南宋最後一個皇帝宋少帝趙昺的陵墓，是深圳市唯一的帝王陵。〔註17〕

〔註14〕徐松：《百度宋會要輯稿詞條》，http://baike.baidu.com/view/496683.htm
〔註15〕祝煒平、葛國慶、王幫兵、余建新：《南宋六陵考》，杭州，浙江大學出版社，2014 年，頁 38。
〔註16〕謝敏聰：《中國歷代帝王陵寢考略》，台北：正中書局，1976 年初版，頁 113。
〔註17〕璇琮坑：〈廣東深圳：宋少帝陵〉，《新浪博客》，2014 年 11 月 30 日。

宋於陵寢，設陵臺令，但今以宗正寺官掌諸陵，多別以內侍司其祀事。

圖　版

宋祖陵遺址

宋祖陵文保碑

河北省保定市清苑區

永安陵

永昌陵仗馬與控馬官

永昌陵石雕

永昌陵石象及望柱

永昌陵浮雕瑞禽

宋太宗永熙陵全景

永熙陵石雕是宋陵中最為完整的，沒有丟失一件。

宋真宗永定陵全景

宋真宗永定陵的石雕

永定陵石雕

包拯墓

在永定陵西北後泉溝北嶺上。在安徽合肥亦有包拯墓，並出土遺骨。鞏義市的為衣冠塚。

宋仁宗永昭陵全景

永昭陵石雕（一）

永昭陵石雕（二）

永昭陵石雕（三）

永昭陵石雕（四）

永厚陵石柱

宋英宗永厚陵石雕

永厚陵石雕

宋神宗永裕陵

宋哲宗永泰陵（一）

宋哲宗永泰陵（二）

宋哲宗永泰陵（三）

康熙《會稽縣志》卷首〈宋六陵圖〉

宋六陵分佈示意圖（引自何忠禮）

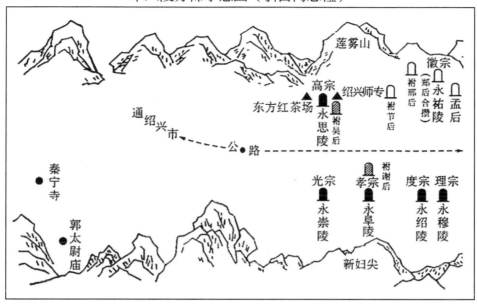

宋六陵復原圖（引自鄭嘉勵）

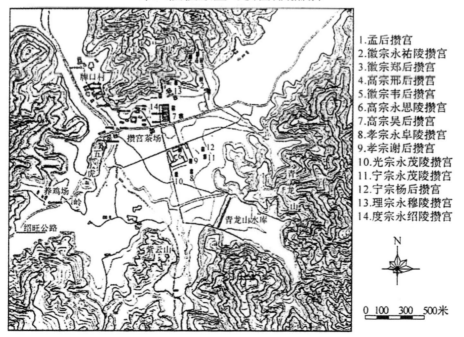

1.孟后攢宮
2.徽宗永祐陵攢宮
3.徽宗鄭后攢宮
4.高宗邢后攢宮
5.徽宗韋后攢宮
6.高宗永思陵攢宮
7.高宗吳后攢宮
8.孝宗永阜陵攢宮
9.孝宗謝后攢宮
10.光宗永茂陵攢宮
11.寧宗永茂陵攢宮
12.寧宗楊后攢宮
13.理宗永穆陵攢宮
14.度宗永紹陵攢宮

南宋六陵遺址

南宋六陵遺址蓮霧山

浙江紹興市宋六陵遺址

浙江紹興市宋六陵遺址

南宋孝宗永阜陵

取自常盤大定、關野貞：《中國文化史蹟》，東京：法藏館 1939 年。

南宋理宗永穆陵

取自常盤大定、關野貞：《中國文化史蹟》，東京：法藏館 1939 年。

宋少帝趙昺墓

取自璇琮坑：〈宋少帝陵〉，《新浪博客》，2014 年 11 月 30 日，網頁。